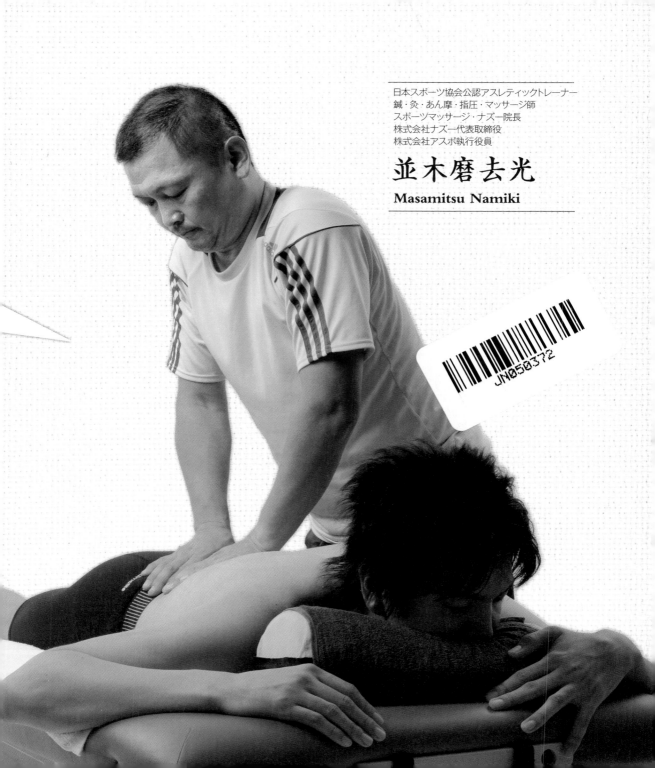

日本スポーツ協会公認アスレティックトレーナー
鍼・灸・あん摩・指圧・マッサージ師
スポーツマッサージ・ナズー院長
株式会社ナズー代表取締役
株式会社アスボ執行役員

並木磨去光
Masamitsu Namiki

すべてのアスリート、スポーツ愛好家へ

スポーツマッサージで
パフォーマンスアップ！

世界的にも広く普及しているスポーツマッサージ。疲労回復や動作改善、筋肉が原因となる痛みの改善など、その効果は幅広い。アスリートはもちろん、スポーツ愛好家のみなさんもスポーツマッサージを取り入れ、そのパフォーマンスをアップさせよう！

３つの効果

効果 1
疲労回復

さまざまな手技で体に刺激を与えることで、リラックス効果と血流促進、自然治癒力の向上をもたらす。負荷のかかりやすい部位など、種目特性に合わせて施術していく

効果 2
コンディションアップ

身体動作の問題点や原因となる部位を見つけ出し、その筋や腱をほぐすことで、身体動作を改善させる。パフォーマンス向上はもちろん、動きやすさを引き出し、ケガの予防にもつながる

効果 **3**

症状の改善

前屈や後屈による腰痛、肩こりによる首
の痛み、筋肉が凝り固まることによる手
足のしびれなど、筋肉に原因があるもの
は、スポーツマッサージで
症状を改善できる

知っておこう！
主な筋肉の場所と名称

マッサージは各筋肉に刺激を与え、効果をもたらすもの。そのため、主な筋肉だけでかまわないので、筋肉の名称と場所、走向を把握しておくと便利。3章の「部位別マッサージ」でも、各部位の筋肉を紹介しているので合わせてチェックしよう。

全身前面

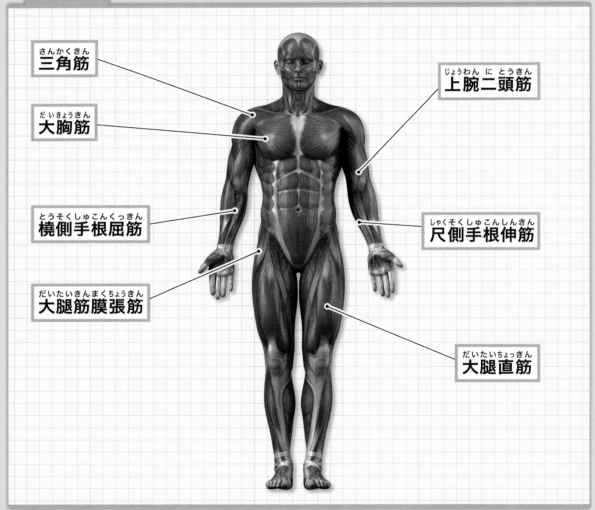

さんかくきん
三角筋

じょうわん に とうきん
上腕二頭筋

だいきょうきん
大胸筋

とうそくしゅこんくっきん
橈側手根屈筋

しゃくそくしゅこんしんきん
尺側手根伸筋

だいたいきんまくちょうきん
大腿筋膜張筋

だいたいちょっきん
大腿直筋

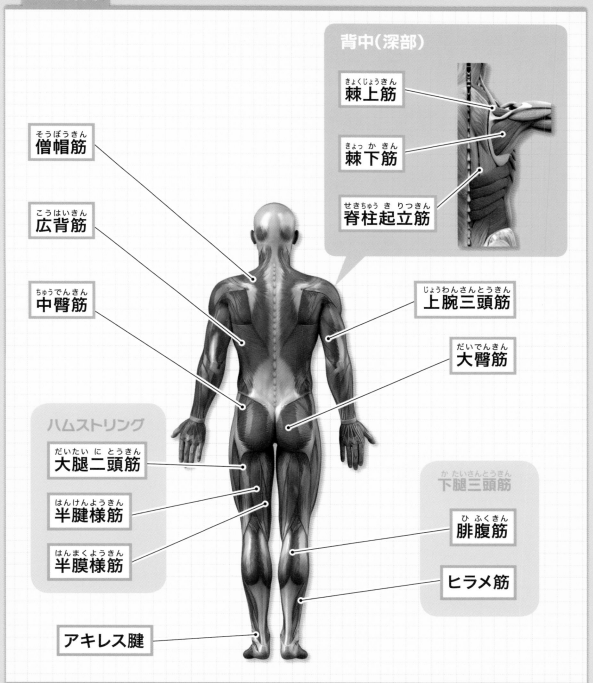

背中（深部）

きょくじょうきん
棘上筋

きょっかきん
棘下筋

せきちゅうきりつきん
脊柱起立筋

そうぼうきん
僧帽筋

こうはいきん
広背筋

ちゅうでんきん
中臀筋

じょうわんさんとうきん
上腕三頭筋

だいでんきん
大臀筋

ハムストリング

だいたいにとうきん
大腿二頭筋

はんけんようきん
半腱様筋

はんまくようきん
半膜様筋

かたいさんとうきん
下腿三頭筋

ひふくきん
腓腹筋

ヒラメ筋

アキレス腱

足の外側・内側

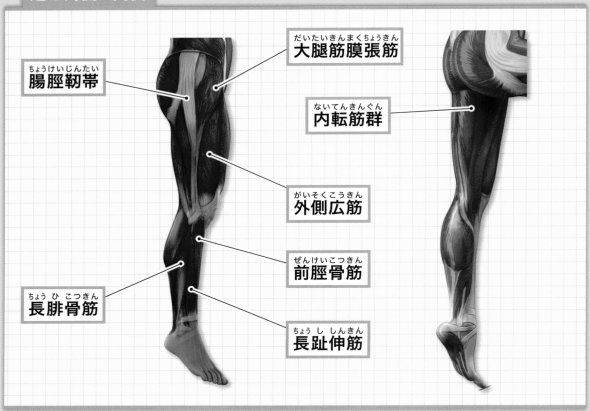

腸脛靭帯
（ちょうけいじんたい）

大腿筋膜張筋
（だいたいきんまくちょうきん）

内転筋群
（ないてんきんぐん）

外側広筋
（がいそくこうきん）

前脛骨筋
（ぜんけいこつきん）

長腓骨筋
（ちょうひこつきん）

長趾伸筋
（ちょうししんきん）

手

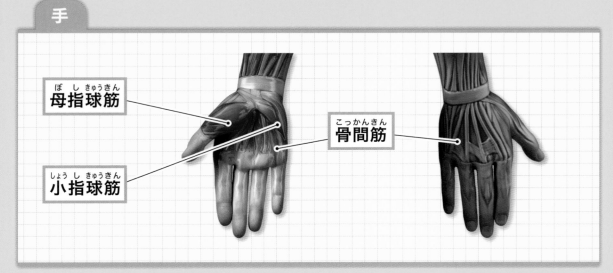

母指球筋
（ぼしきゅうきん）

骨間筋
（こっかんきん）

小指球筋
（しょうしきゅうきん）

首・頭

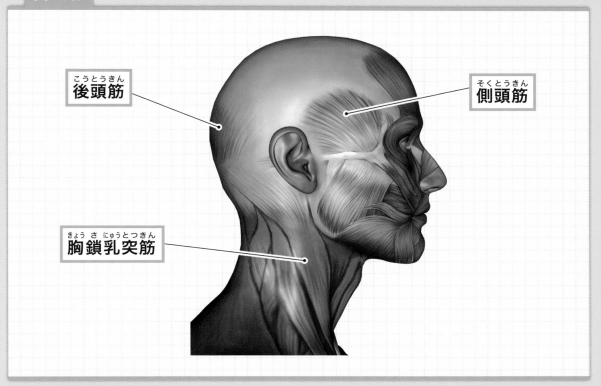

後頭筋
こうとうきん

側頭筋
そくとうきん

胸鎖乳突筋
きょう さ にゅうとつきん

足裏・足の甲

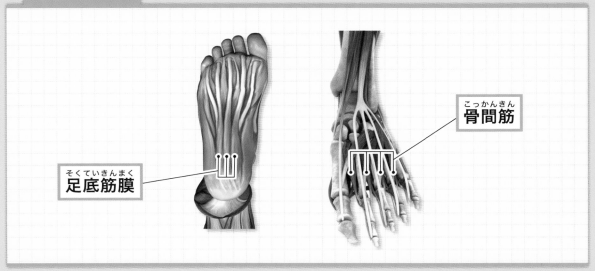

骨間筋
こっかんきん

足底筋膜
そくていきんまく

本書の見方

ほぐす筋肉

部位ごとに、筋肉の名称や
位置、形を解説。マッサージするときは、自分がどの
筋肉をほぐしているのか意識
しながらマッサージしよう

マッサージの流れ

各部位をマッサージするとき
に、どの筋肉をどのようにほぐ
すかを解説。全体の流れをイ
メージしてからマッサージする
と、スムーズに施術できる

マッサージの
ポジション

マッサージするときの姿勢やポ
ジションを紹介。ポジションが
間違っていると、マッサージの
効果が薄くなることもあるので
注意しよう

部位別マッサージ
アキレス
腱

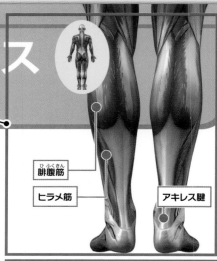

腓腹筋（ひ ふくきん）

ヒラメ筋

アキレス腱

重大な外傷にもつながる部位
腱を直接左右にずらそう

アキレス腱は腓腹筋、ヒラメ筋といっ
た、ふくらはぎとかかとをつなぐ太い腱。
走ったり跳ねたりするときに働く重要な
部位で、酷使し過ぎるとアキレス腱炎を
発症したり、急激なストレスを受けた場
合はアキレス腱断裂という外傷を発症す
ることも。そんなアキレス腱は、直接つ
まみ、左右に動かしてほぐしていく。こ
れだけで、重大な外傷を予防できる。

マッサージのポジション

POINT

背すじをのばす

背すじをのばし、
アキレス腱から少
し距離を置く。近
づきすぎると、も
みづらくなるので
注意しよう

ベッドの横で片足をベッドにのせて、マッサー
ジを受ける人の足をももで支える。左足をもむ
ときは、右手で固定して左手で手技を行う

76

ストレッチテスト

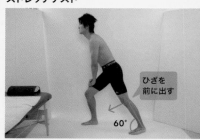

ひざを
前に出す

60°

アキレス腱をのばす要領で足を縦に開き、後ろ足のかかとを
60°ぐらい開いて地面につける。次に、後ろ足のひざを前へ曲
げる。このとき、アキレス腱に痛みを感じたり、強い張りがあ
れば、その足を重点的にもみほぐす。

ストレッチテスト

筋肉の張りや柔軟性をチェックする「ストレッチテス
ト」。マッサージの前に試して、硬かったり張りがある
なら、その部位は重点的にマッサージすることをおす
すめする。部位によっては、テストがないものもある

を図と矢印で解説。ここでは、本書のメインとなる3章「部
する。

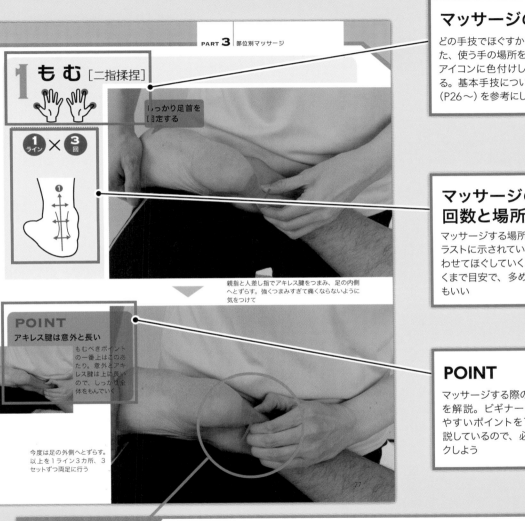

1 もむ［二指揉捏］

1ライン × **3**回

①

しっかり足首を
固定する

親指と人差し指でアキレス腱をつまみ、足の内側
へとずらす。強くつまみすぎて痛くならないように
気をつけて

POINT
アキレス腱は意外と長い

もむべきポイント
の一番上はこのあた
り。意外とアキ
レス腱は上に長い
ので、しっかり全
体をもんでいく

今度は足の外側へとずらす。
以上を1ライン3カ所、3
セットずつ両足に行う

マッサージの手技

どの手技でほぐすかを紹介。ま
た、使う手の場所を、手のひら
アイコンに色付けして示してい
る。基本手技については、2章
（P26〜）を参考にしよう

**マッサージの
回数と場所**

マッサージする場所と回数。イ
ラストに示されている矢印に合
わせてほぐしていく。回数はあ
くまで目安で、多めに施術して
もいい

POINT

マッサージする際のポイント
を解説。ビギナーが間違え
やすいポイントを丁寧に解
説しているので、必ずチェッ
クしよう

矢印の色と役割

さする ⟶

基本手技の1つ「さする」場
所は、青の矢印で表示。矢
印にそってさすっていく

もむ

「もむ」場合は緑。進行方向
を示す矢印を横切る矢印（こ
こでは上向き）の場所で、
その向きにもむ

押す

「押す」は赤の矢印。進行
方向を示す矢印上の点を目
安に圧迫する

たたく

本書では「応用テク」として
紹介する「たたく」。紫の矢
印に沿って、切打法（P37
参照）を行う

※各手技については、P26〜27の基本手技のページで解説しています

CONTENTS

第1章 スポーツマッサージの基礎知識 15

第2章 基本の手技 25

PART 1

スポーツマッサージの基礎知識

マッサージは難しいものではないものの、いい加減にやっても効果は出ない。
そこでここでは、マッサージの効果を最大限に引き出す基礎知識を紹介する。
これらを知っているだけで、マッサージの効果が大きく向上する！

CONTENTS

スポーツ
マッサージとは

マッサージとは

- ☑ 施術者の手指を使って体に刺激を与える
- ☑ 手技は主に「さする」「押す」「もむ」「伸ばす」「たたく」「ふるわせる」
- ☑ 治療、健康保持及び増進、疲労回復を目的に行う

身体に手を当てて楽にしてあげる行為

　子どものころにケガをして、痛い部分に親が手を当てたりなでたりしてくれたとき、楽になったり安心したことがあるはずだ。マッサージとはまさにそうしたことで、人の身体に手を当てて楽にしてあげる行為。人体の各部を、さする、押す、もむ、伸ばす、たたくなどの手技を用いて刺激を与え、病気やケガの治療、健康維持・増進、疲労の回復を目的に行われる。医療マッサージ、美容マッサージなどの種類があり、本書で扱うスポーツマッサージはその1つの分野だ。

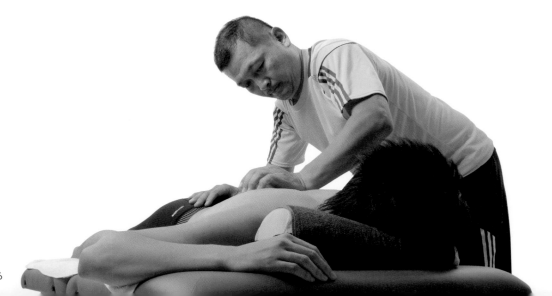

☑ 血流の促進により疲労を回復させる
☑ 筋肉をほぐして身体動作の問題点を改善させる
☑ 筋肉が原因の痛みや違和感を改善する

主な効能は大きく分けて3つ

　マッサージは血流を促進することで、自然治癒力の向上や疲労回復、リラクゼーションなどの効果を発揮する。中でもスポーツマッサージは、競技特有の動きや疲労しやすい部位に合わせて施術し、競技者やスポーツ愛好家のコンディショニングを支える。たとえば、ある競技で負荷の高い部位の疲労を効果的に取り除く、こり固まった筋肉をほぐして身体動作の問題点を改善する、肩こりや腰痛など、筋肉に原因のある症状を改善するなどがそれだ。また、筋肉をほぐすことで関節や腱などの柔軟性も向上。骨折や捻挫などで可動域が狭くなった関節の動きを改善する効果もある。

筋肉の癒着をはがしとる作業

　スポーツで激しい動作を繰り返したり、長時間同じ姿勢でいたりすると、筋肉が過度に緊張し、筋肉同士が癒着しているような状態になる。すると正常な動きができなかったり、痛みや違和感が出たりといった症状につながる。それをはがしとる作業が、マッサージというわけだ。そのため、マッサージは表面的に皮膚に刺激を与えるのではなく、筋肉を「はがす」「ずらす」という意識を持つことが重要。本書で紹介する手技やマッサージでも、「筋肉をはがす」「筋肉を持ち上げる」などの表現を使っている。この意識を持つだけで、その効果は大きく変わるのでぜひ頭に入れておこう。

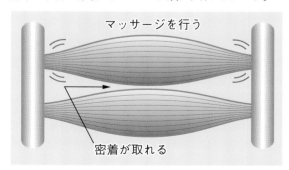

骨　筋肉　骨
筋肉同士が密着している

マッサージを行う
密着が取れる

筋肉が密着した、いわゆる"こり"と呼ばれる状態。血液やリンパ液が滞り、疲労が抜けなかったり、酸素や栄養素の供給不足などが生じる

筋肉同士をマッサージしてはがすことで、筋肉は正常の状態に戻る。こりや張りがなく、神経の圧迫による痛みなども解消する

スポーツマッサージの基礎５カ条

1 マッサージの**タイミング**
運動した翌日がベスト

スポーツマッサージの主な目的は、筋肉疲労を回復させること。そのため運動翌日に行うのがベスト。試合前や練習前に行うとリラックス効果が出てしまい、集中力の欠如につながることもある。コンディションを整えるという意味では、むしろ逆効果になってしまうのだ。ただし、右の囲みで挙げた３つのケースでは、スポーツ前のマッサージも効果的。運動時の違和感は力を発揮できないどころかケガにもつながるので、この３つに当てはまるときは、筋肉をほぐしてからスポーツに臨もう。ただし、あくまで10分程度の局所的なものに留めること。

こんな時は運動前も効果的

❶ 局所的な張りがある
▶ 患部を温めて、マッサージとストレッチを組み合わせる

❷ 関節に違和感がある
▶ 関節の動作に関わる筋肉をほぐす

❸ 軽い痛みがある
▶ 痛みの部位に関連する筋肉をほぐす

2 マッサージの**時間**
全身なら４５〜７０分

足裏から腕、頭まで全身をマッサージするなら、45〜70分かけてほぐすのが一般的。スポーツをする人であれば、種目によってバランスを変えてもいい。たとえばサッカーや陸上のようにたくさん走る競技なら、下半身だけで30〜45分といった具合だ。ただし、あまり時間がないときは、気になる部分だけを10〜20分だけ行うのもいい。

同時に、マッサージを受ける側の意向に沿うことも大切。「今日は全身をじっくりほぐしたい」「歩き疲れたから足だけ20分」など、なるべく会話しながら施術しよう。ただし、意向を重視しすぎて、一部位をほぐし過ぎるのは要注意。翌日に筋肉が痛くなる揉み返しや、緩み過ぎて力が入りづらくなることを防ぐためだ。

3 マッサージの **頻度**
週1回 〜 月に1、2回

マッサージをあまり頻繁に行うのは、デメリットにつながることがある。たとえば頻繁にマッサージを受けることに筋肉が慣れてしまい、自己回復力が低下することがある。また、マッサージに依存し、マッサージを受けないと精神的に不安になるなどのデメリットも発生しかねない。そこで、全身のマッサージについては多くて週1回。または月に1〜2回ほどが目安。ただし各部位については、マッサージを受ける人と相談しながら進めてもいい。たとえば、ふともも裏側のハムストリングスの肉離れを1度経験した人なら、「もも裏だ

マッサージのしすぎはこんな弊害が

- 自己回復力の低下

- マッサージへの依存

けは週に2回必ずほぐす」などと決める。ただし、いずれにせよ毎日行うことは逆効果につながるので避けるようにしよう。また、回復力が活発な22歳くらいまでは、筋肉に医学的な異常が認められるケース以外は、マッサージよりもストレッチを行うほうがおすすめだ。

4 マッサージの **強さ**
「気持ちいい痛み」と感じるくらい

「気持ちいい痛み」が刺激の強さの目安。特に、初心者が一点を強く、深く押すのは、症状を悪化させてしまうことがあるのでNG。その際はプロに任せるか、プロの指導により十分な安全性が確保された場合のみ行う。

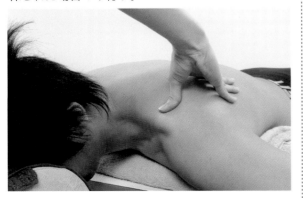

5 マッサージの **方向**
末 端 か ら 心 臓 へ

マッサージは、手先やつま先などの身体の末端から、心臓のある中枢へと行うのが基本。ただし、手や指が動かしづらい部位は、方向を気にせず押しやすさ、もみやすさを優先してもいい。

身体の末端から中枢に向けてマッサージするのは、心臓への血流を意識して、血行改善を促すという意味がある

ビギナーでもうまくできる！
３つのポイント

1 力を入れずに体重をかける

マッサージの基本は、自分の体重を利用して、圧をかけること。指に力を入れたり、腕の力で押したりするのはNG。すぐに疲れたり、指が痛くなったりして、同じ圧で施術できなくなる。プロのマッサージはやや痛いというイメージがあるが、それは力任せに押しているのではなく、体重を多くのせることで強い圧を実現している。体重を利用して指を深く入れ、正しいポイントを押せれば、効果的な施術になり、長時間のマッサージを続けられるようになる。慣れてきたら、リズミカルにマッサージすることも心がけよう。

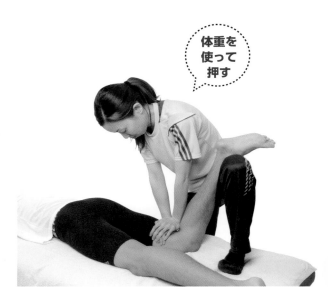

体重を使って押す

2 ゆっくり押してゆっくり離す

本来スポーツマッサージは、色々な手技をリズミカルに行う高度な技術。ビギナーには、まずは「ゆっくりと体重をかけ、ゆっくりとゆるめる」というような押す手技をおすすめする。技術的な敷居の低さはもちろん、一瞬の強い刺激より、ゆっくり押す方が気持ちいい。相手を気持ちよくすることを第一に、ゆっくりとした刺激を心がけよう。

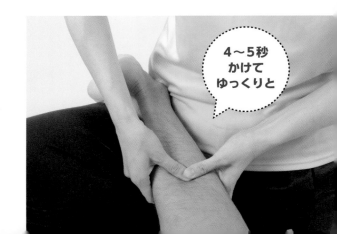

4〜5秒かけてゆっくりと

3 両手を使う

　強く押すべき（指を深く入れる）部位、具体的には腰背部、臀部、肩上部などの筋病の厚い部位は、できるだけ両手でマッサージするのがいい。体重がのせやすいため手が安定し、指が深く入る。その結果、効果的に刺激を与えられる。さらに、施術者の疲労も大きく軽減できる。特にビギナーは、母指圧迫などの際に指が痛くなりがちなので、できるだけ両手で圧をかけ、負担を減らすといい。また、片手で行うマッサージでも、マッサージを受ける人の身体が逃げないよう、また力が伝わりやすくなるよう、施術しているほうの逆の手で相手の体を押さえることも重要だ。

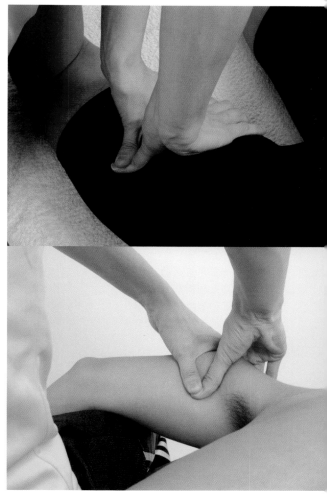

片手で行う例

▼細かい部位
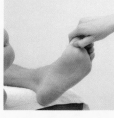

▼刺激に弱い部位

足指など細かい部位や、胸など圧が強いとマッサージを受ける側が苦しさを感じるような部位では、片手でマッサージを行うこともある

相手の調子を把握しよう

マッサージをする際は、相手とのコミュニケーションが大切。「痛くない?」「もう少し強くてもいい?」といった確認は最低限必要だ。ほかにも、施術前後の筋肉の張りの感覚などを聞けば、次の施術に活かせる。そのために、要望を言いやすい雰囲気作りや、信頼関係の構築が大切になる。こうした細かい点にも気を配ろう。

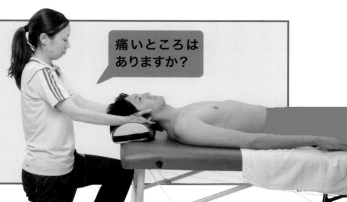

痛いところはありますか?

マッサージを行うための
準備と環境

マッサージを
する側

直接相手に触れる手は、常に清潔にしておきたい。クリームなどを使って、こまめにお手入れしよう

　マッサージする人は、受ける側が不快に感じることを避ける準備が必要。たとえば、施術時に爪が当たらないよう、短く切りそろえておく。肌のカサつきやマメやタコ、指輪などのアクセサリー、手の汚れなども不快感の原因。肌のお手入れや、施術前の手洗いなど、ちょっとした気づかいを心がけよう。また、手首の動きも重要になるため、腕時計やブレスレットも外す。服装は動きやすさが最優先されるが、清潔でマッサージを受ける人が不快にならないものを選ぶといい。

アクセサリー類だけでなく、腕時計なども外す。金属のひんやりした感覚が相手に不快感を与えることも。

マッサージを
される側

　試合や練習など、激しく身体を動かした後にマッサージを受ける場合は、着替えが必須。汗を吸った服を着た状態でマッサージを受けると、身体が冷えてしまうからだ。また、マッサージをする人に自分の状態や要望をしっかり伝えることも大事。筋肉の張りを感じる部分や疲労を感じる部位、違和感の感覚をできるだけ具体的な言葉にすることで、より効果的なマッサージを受けられるようになる。

環境

効果的に筋肉をほぐし、精神的にも快感を覚えてもらうためには、マッサージを受ける人がリラックスできる環境を作ることにも気を配りたい。まずは、整理整頓された清潔な部屋を心がけよう。落ち着かない部屋でマッサージしても、リラックス効果は半減する。ほかにも音楽をかけたり、お香などの香りでリラックスする環境づくりも効果的。ただし、運動直後に涼しい部屋でマッサージするのは、身体を冷やすことがあるので注意しよう。冬場などは体にタオルをかけてあげるなどして、体が冷えすぎないような気配りをする。

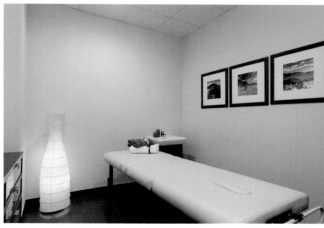

部屋を片づけ、できるだけ清潔に保つことも重要

道具

マッサージに「絶対」という道具は特にないが、あると便利なものはいくつかある。まず、マッサージ台となるベッドは、なるべくそろえたいアイテム。なければ床にタオルを敷いて行なったり、屋外ではベンチや芝生にタオルを敷いて施術してもいい。パウダーやクリームは必須ではないが、マッサージを受ける人が汗ばんでいるときにパウダーを使ったり、軽擦(けいさつ)を行うときにクリームを使うと手のすべりがよくなり、快適にマッサージできる。一度使ってみてもいいだろう。

▲タオル

体の下に敷くほか、体にかけて体温調節したり、たたんだものを足や胸の下に敷いて、相手の身体を固定したりできる。なるべく大判のものを、最低1枚は用意しておくといい

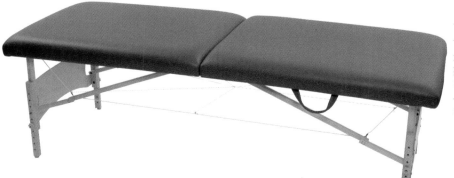

◀ベッド

マッサージするときにベッドの高さが合わない場合は、床にタオルを敷くほうがいい場合も。ちょうどいい高さのものがなければ、無理にベッドを使うより、床にタオルを敷いて施術しよう

スポーツマッサージの
禁忌症状

1 急性の炎症が ある場合

ケガの直後はもちろんだが、軽く触れても痛い、熱を持っている、運動直後に痛みが出た部位などにマッサージをするのはNG。まずは患部を休めるか、医者に行くのが先決だ。

2 皮膚に炎症や 疾患がある

皮膚の炎症は感染症の可能性もあり、感染する危険があるので注意。プロ以外は、基本的に施術しないのが安全だ。主治医の許可があっても、施術後は患部に変化がないか確認しよう。

5 伝染病や循環器 疾患がある

循環器疾患（心臓や血管などの病気）、悪性腫瘍、病名不明な疾患、その他重篤な疾患のあるときは、マッサージはNG。また伝染病も、感染の恐れがあるため接触を避ける。

3 妊娠中やその 可能性がある

妊娠の安定期に入る前にマッサージを受けると、胎児に悪影響を与えかねない。どうしてもという場合は、主治医の許可をもらうこと。当然、妊娠の疑いがある場合もNGだ。

6 医師に 止められている

疾病や外傷による麻痺がある場合、または糖尿病や静脈瘤で専門の医師にマッサージを止められた場合は必ず指示に従う。これからの処置について医者と相談してアドバイスをもらおう。

4 血圧が非常に 高い or 低い

血圧が非常に「高い・低い」時は、マッサージを避ける。何かしらの疾患がある場合、マッサージを受けるには主治医の許可が必要。また、急激に血圧が変化したときも必ず避ける。

他にも……
- 飲酒中
- 熱がある
- 出血しやすい状態 や病気

など

PART 2

基本の手技

スポーツマッサージにはさまざまな手技があるが、本書では、ビギナーでも簡単に実践できる「さする」「もむ」「たたく」を中心に解説する。まずはここで、こうした基本の手技を理解しよう。

CONTENTS

最初に覚えておきたい
基本テクニック

マッサージとは、直接皮膚に触って筋肉の緊張をほぐしたり、血液やリンパ液の循環を促したりする手技療法のこと。ひじや前腕、ひざなどを使うこともあるが、ほとんどは手で行う。まずは、手を使った3つの基本テクニックを覚えよう。

基本テク❶
さする

けいさつほう
軽擦法

軽擦とは、軽くさすること。筋肉の表面をリラックスさせるときなどに使われる。マッサージは軽擦で始めて、軽擦で終わるのが基本。

矢印の色

基本テク❷
もむ

じゅうねつほう
揉捏法

手指で筋肉を押し、こねたりつまんだり、搾るように刺激を与える方法。筋組織の循環を良くして代謝を高め、筋肉の疲れを改善していく。

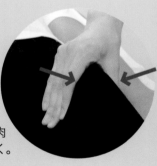

矢印の色

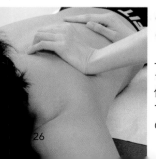

手の部位を使い分けよう

上の3つの基本テクニックは、手の部位を使い分けることで、さまざまな部位の施術に対応する。

☑ 親指で
（母指）

特定の狭い部位の筋肉をほぐすときや、揉捏・圧迫のできない敏感な部分の施術に向く

☑ 人差し指と親指で
（二指）

骨間や首の筋肉など狭い範囲をもむとき、親指と人差し指などで挟むよう両方から圧を加える

マッサージの基本３つを覚えよう

　マッサージにはさまざまな療法があるが、ここでは初めての人でも簡単にできる３つの手技を紹介する。まずは「さする＝軽擦法」、「もむ＝揉捏法」、「押す＝圧迫法」の３つをマスターしよう。さらに手のひらや指、手根など、手の部位を使い分けることで、さまざまな部位のマッサージに対応できる。また合わせて、「たたく＝叩打法」も一部で使用するので、覚えておこう。本書では「チョップ」のような形でたたく、「切打法」のみ活用する。

基本テク❸

押す

あっぱくほう
圧迫法

手指を治療部位に当てて垂直に押し、深部に圧力を加える方法。筋組織の深い部分の痛みや筋疲労、こりなどを緩和させる効果がある。

矢印の色

その他の技法

応用テク

たたく　叩打法
こうだほう

左右の手指で身体の表面を交互に、リズミカルに叩く方法。神経や筋を刺激して興奮させることで血行を良くし、機能を高める

矢印の色 ➡

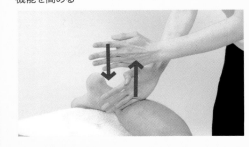

☑ 指４本で
（四指）

四指だけを使うと、比較的弱い刺激の手技ができ、使用頻度の高い母指の保護もできる

☑ 手のひら全体で
（手掌）

軽擦は基本的に手のひらを使う。また、背中や胸、下肢など面積の広い部位の揉捏にも用いる

☑ 手の付け根で
（手根）

背中や腰、臀部などの大きな筋を、手掌より強い圧力で圧迫するときなどに使われる

さする

効果

● 筋肉の表面をリラックスさせる
● 知覚神経を刺激して爽快感を与える
● 循環を良くして新陳代謝を促進する
● 痛みの部分をさすり鎮痛効果を出す
● 摩擦で冷えや寒気を散らして温める

けいさつほう
軽擦法

手のひらで [手掌軽擦]

手のひらでさする動作は軽擦の基本。筋をリラックスさせ、
代謝を高め、安心感や爽快感を与えるなどさまざまな効果を持つ

マッサージは軽擦で始め、軽擦
で終わるのが基本。皮膚表面
に手のひらを当ててから、一定の圧
力をかけてさする。

POINT
手のひら全体を密着させる

軽擦では、手のひら
全体を施術部位に密
着させ、上半身の力
を利用して軽く面圧
をかける。末端から
心臓部に向けてさす
るのがポイント

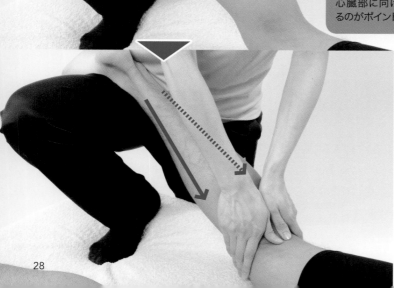

VARIATION

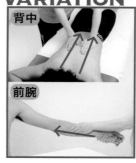

背中

前腕

背中（上）や
前腕（下）な
どに用いる。
前腕のような
細い部位は一
方の手で固定
してさする

もむ

効果

- 硬くなった筋肉をもみほぐす
- 血液の循環を良くする
- 筋組織に作用し筋の収縮を活発にする
- 筋疲労の予防と回復を図る

揉捏法
じゅうねつほう

手の付け根で ［手根揉捏］

手のひらの付け根部分である手根を使ってもむ手法。背中や腰、臀部などの大きな筋をもみほぐすときに用いる

手のひらよりも圧をかけやすい手根を皮膚に当てて体重をかけ、筋肉をずらすように前後に動かす。1カ所につき3〜5回ほど行う。

POINT
手の付け根に体重をかける

手根部を治療する部位に当ててそこに体重を乗せ、面圧をかけながら前後または円を描くように刺激していく

VARIATION

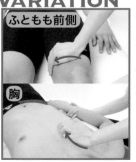

ふともも前側

胸

ふともも前側（上）や胸（下）など面積の広い筋肉に使われる。部位によって強さを調節する

親指で ［母指揉捏］

親指の腹で筋肉を強く押しながらもんでいく手技。狭い部位や、強い圧を必要とする部位の治療に用いる

親指を重ね、指の腹をしっかりと筋肉に押し付ける。そのまま筋肉をはがすように動かして、筋肉をほぐす。

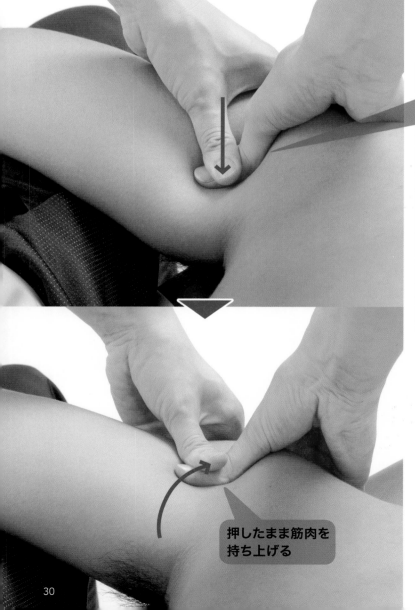

押したまま筋肉を持ち上げる

POINT

力み過ぎは禁物

重ねた母指の下側の指（写真では右親指）ばかり力まない。力み過ぎると皮膚の摩擦が強くなり、皮膚の痛みで不快にさせる。また、もみ返しの原因にもなる

VARIATION

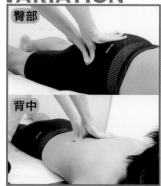

臀部

背中

臀部や背中など、筋腹の厚い部位によく用いられる。3〜4回もんだら母指の位置を変えていく

指の付け根で [把握揉捏]

手のひらと四指を使って筋を包むようにつかんで、骨から筋肉をはがすように手首を動かす方法

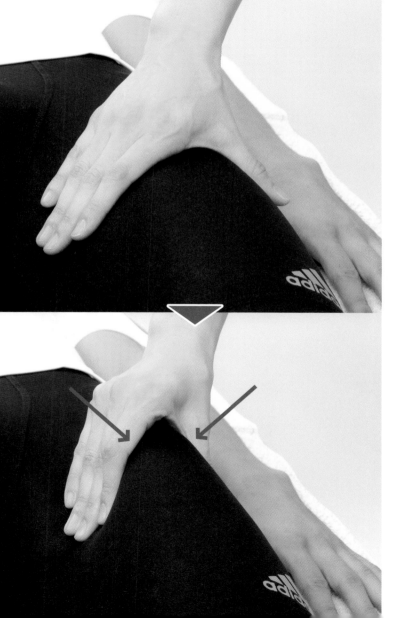

手のひら全体を密着させてから、親指の付け根と四指の第二関節付近で筋肉を引き寄せるようにもむ。柔らかく肉付きの良い部位などの治療に効果的。

✗NG

指先ではなく
手のひらを使う

指先を立てると痛みを誘発したりくすぐったく感じやすいので、親指の付け根、四指の第二関節付近を用いる

VARIATION

上腕三頭筋

もも前側（左写真）のほか、上腕三頭筋やふくらはぎなどにも用いる

人差し指と親指で ［二指揉捏］

親指と人差し指を使って筋肉や腱をつまむようにもんでいく手法。人差し指と中指を重ねることもある

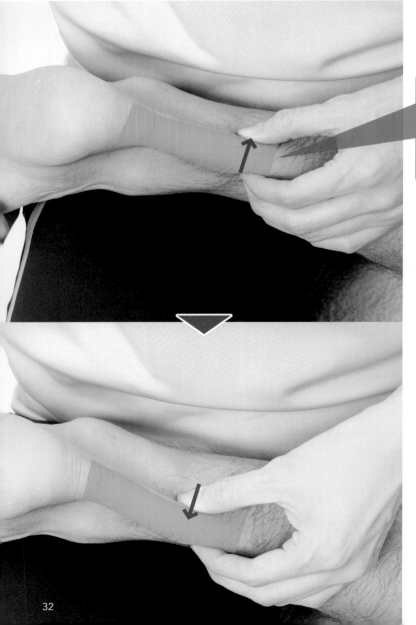

ア キレス腱を親指と人差し指で軽くつまみ、左右にずらす。強すぎると痛みを感じるので、軽く行う。

POINT
腱や筋肉を
つかむイメージで
一般的な「押す」「もむ」という感覚よりは、筋肉や腱をつかんで動かしてあげるようなイメージで行う

VARIATION

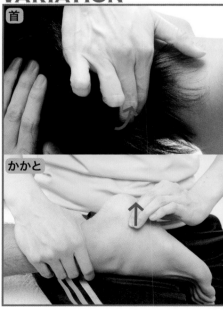

首

かかと

首（上）やかかと（下）にも用いる。首をほぐすときは、人差し指の腹で首の筋肉を引っ掛けるようにして、首の骨からはがすイメージで動かす。かかとは、人差し指の腹でかかとの皮膚に圧をかけ、皮膚をずらすように動かす

指4本で [四指揉捏]

四指の腹や指全体を使って筋肉をもむ手法。指を前後に細か
く動かしたり、筋肉を持ち上げたりしてほぐす

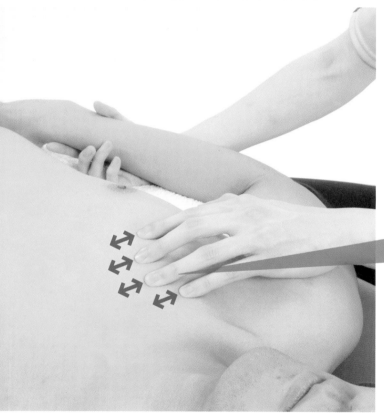

胸のように弱めに刺激を与えた
いときに用いられる。前後に
小刻みに3〜4回動かし、つぎの場
所に移動する。

POINT
**指の腹だけで
力を与える**

指先に体重をかけて、爪が食い込む
のはNG。あくまで指の腹全体で圧を
かける

VARIATION

四指揉捏は胸以外に、頭（左）
や肩（右）にも用いる。頭と胸
は似たような動きだが、肩の
筋肉をほぐすときは持ち上げ
るような動きでほぐしていく。
部位ごとに動きが変わるので、
各ページでチェックしよう

頭

肩上部

押す

効果
- 硬くなった筋肉をほぐす
- 血液の循環を良くする
- 痛みをやわらげる

あっぱくほう
圧迫法

親指で [母指圧迫]

主に親指の腹を使って圧迫する方法。皮膚に垂直に、ゆっくりと圧を加え、ゆっくりと力を抜いていく

左右の親指を重ねて圧迫（両母指圧迫）すると、より強い圧を加えられる。腕の力を使うのではなく、ひじをのばして自分の体重を使うのがコツ。

POINT
部位に対して垂直に力を込める

力をかけるときは皮膚に垂直に、体の中心に向かって圧をかけよう。深い筋肉まで圧が届き、力も入れやすい

VARIATION

母指圧迫法は、すね（写真）や背中、もも、手に至るまで、さまざまな部位に用いられる。基本は同じだが、指の側面を使うなど、一部では特殊な押し方もある。力の入れ具合も、部位によって使い分ける

すね

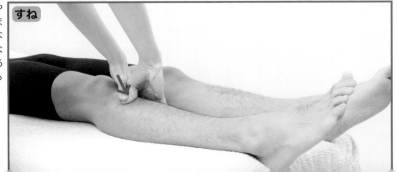

指**4**本で ［四指圧迫］

四指の腹を使って押す手法。母指圧迫同様、皮膚に垂直に、ゆっくりと圧をかけて、ゆっくりと力を抜く

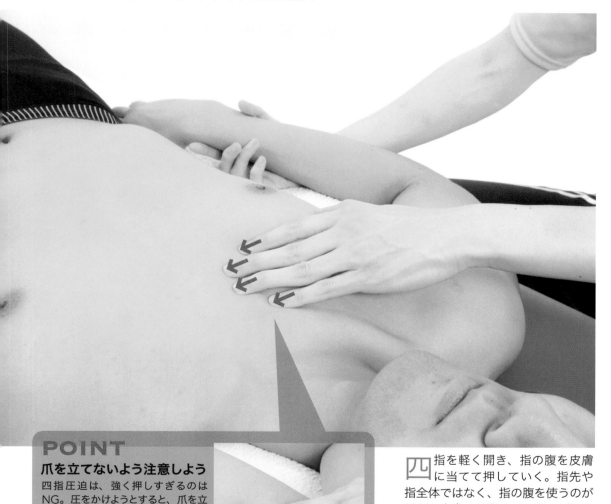

POINT

爪を立てないよう注意しよう

四指圧迫は、強く押しすぎるのはNG。圧をかけようとすると、爪を立てるような形になってしまうことがあるので注意する。爪を短く切っておくことはもちろんだが、指の使い方も意識して、相手が気持ちよく感じる力加減を心がけよう。

四 指を軽く開き、指の腹を皮膚に当てて押していく。指先や指全体ではなく、指の腹を使うのがコツ。本書では胸のマッサージにのみ用いるので、力を入れ過ぎないよう注意しよう。圧が強すぎると苦しくなったり、痛みを感じたりすることがある。

手の付け根で [手根圧迫]

手のひらの付け根を使って押す手法。背中やふとももをはじめ、広く、厚い筋肉のマッサージに用いられる

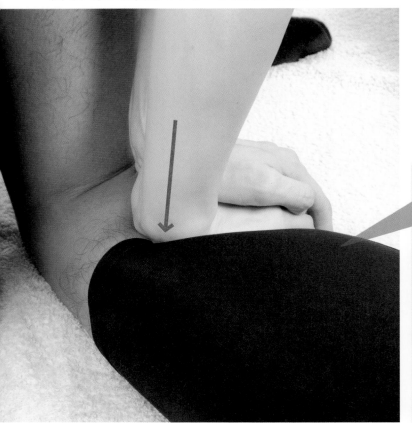

手の付け根（手根）を皮膚に当て、体の中心部に向けて上から体重をかけて圧迫していく。背筋とひじをのばし、肩をリラックスさせて体重をかけると楽に圧迫できる。ゆっくりと体重をのせ、ゆっくりと体重を抜いていこう。

POINT

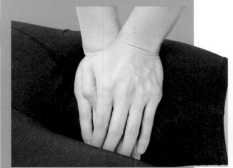

**両手を重ねると
体重をのせやすい**

本書では、両手の手根を重ねて押す（両手根圧迫）手技を使っていく。片手よりも圧をかけやすい

VARIATION

手根圧迫は主にももやふくらはぎなどの下肢部と、腰背部などに用いる。基本はいずれも同じで、皮膚に垂直に、自分の体重を利用してゆっくりと圧をかけていく。体の中心に向けて力をかけていく

ふともも内側

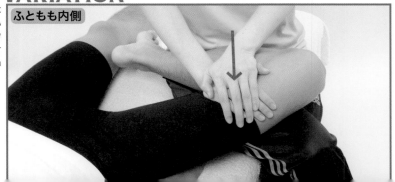

たたく

叩打法
<ruby>叩<rt>こう</rt>打<rt>だ</rt>法<rt>ほう</rt></ruby>

小指の側面で［切打法］

両小指の側面を用いて、左右交互に、小刻みにリズミカルにたたく手法。マッサージの最後に用いられる

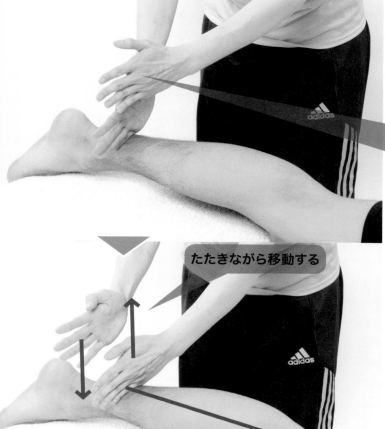

指を軽く開いて左右交互にたたく。「強く早く」ではなく、軽く反動を利用してたたくのがコツ。1部位につき7〜8秒かけてたたく。

POINT
指は軽く開いて行う

指はのばして、軽く開いてたたく。小指が皮膚に当たった後、他の指が小指側に順番に当たるため、刺激が小刻みに伝わる

たたきながら移動する

VARIATION

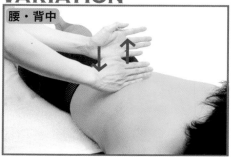

腰・背中

背中（上）やもも裏、ふくらはぎなど広めの筋肉を中心に、さまざまな部位に用いられる。基本はすべて同じ

37

「軽擦」の重要性

スポーツマッサージは、「軽擦に始まり、軽擦に終わる」が基本。マッサージ初心者にとって、一見不要そうにも見えるこの手技だが実は大切な役割を持っている。

施術前の軽擦は第一に「マッサージをこれから始めます！」という合図を伝え、精神や体の緊張を和らげる効果がある。第二に、相手の身体の状態を知る役割。マッサージの熟練者は皮膚や筋肉の状態、体温などから、相手の体の状況を即座に察知できる。この情報から、効果的なほぐし方を判断しているのだ。

次に施術後の軽擦では、第一に軽擦本来の効果として、鎮静作用、すなわちマッサージで興奮した筋肉を鎮める効果がある。そして

第二には、施術前の状態との比較をするという役割。施術前後の皮膚や筋肉の状態の差を軽擦で感じ取り、相手の要望に応えられたかを判断する。そのためには、施術前の軽擦で体の状況を理解することはもちろん、相手の感覚や訴え、要望を聞くことも大切。会話しやすい雰囲気づくりや質問をして、上手に聞き出す。このあたりも、マッサージを行うトレーナーの腕の見せ所というわけだ。

軽擦は手の動かし方こそ単純で簡単そうだが、重要な役割を持つ奥の深い手技。マッサージの世界では古くから「指先に目をつけなさい」と言われるくらい、軽擦を丁寧に行うことは重要だ。神経を手に集中させよう。

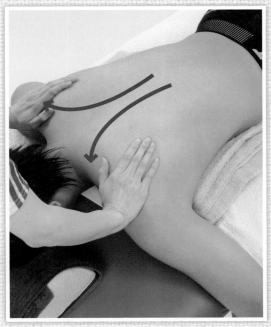

筋肉の走向に合わせて施術するため、部位によっては弧を描くことも。写真は背中の僧帽筋をさすっているところ

軽擦は筋肉の走向を意識してゆるやかな曲線を描きながら行うことがほとんど。指先に神経を集中させ、皮膚や筋肉の状態、体温などに気を配る

部位別マッサージ

基本の手技を覚えたら、ここからは実際にマッサージをしていこう。本章では、身体の部位ごとに筋肉のほぐし方を解説する。筋肉の場所や用いる手技、ポイントを見ながらほぐせば、効果的なマッサージができるはずだ。

CONTENTS

足指

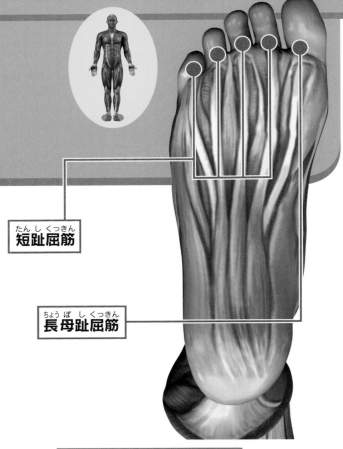

短趾屈筋（たん し くっきん）

長母趾屈筋（ちょう ぼ し くっきん）

第一関節から指の付け根まで足指の腱をほぐす

　足裏から足趾の第一関節あたりまで伸びる腱を圧迫していく。押す部位を間違えると効果が薄くなるので、筋の中央のラインを確実に押していく。腱をきちんと刺激できれば、マッサージを受ける側が逃げたくなるほど痛みを感じるので、それを目安にしてもいい。圧迫する際は、親指と人差し指で挟むように持ち、親指でしっかり押し込む。

マッサージのポジション❶

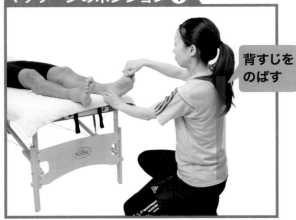

背すじをのばす

仰向けに寝かせたら、背すじをのばして足先に座る

マッサージのポジション❷

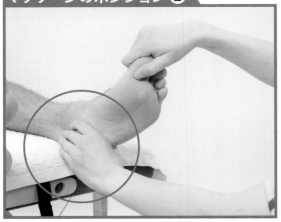

マッサージされる側にとっては、かなり刺激が強く、足が逃げがちなので、左手でしっかり固定する

1 押す [母指圧迫]

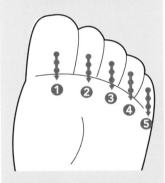

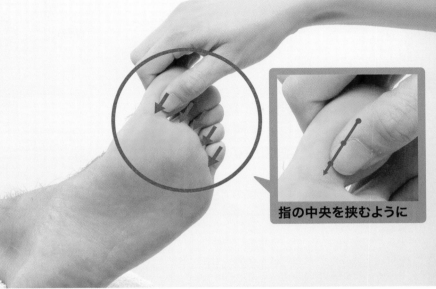

指の中央を挟むように

足指の左右中央、第一関節のあたりを親指と人差し指で軽く挟み、親指でグッと押しこむ

POINT
コリコリとした足指の腱を意識

足指の腱を圧迫してほぐすイメージ。慣れるまでは、よく触って腱の場所を確認するといい

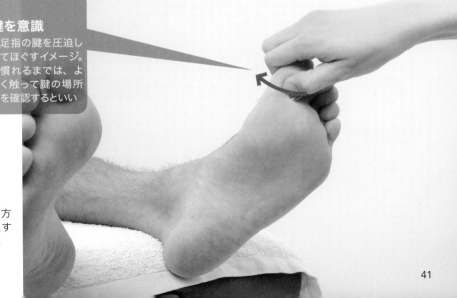

指の第一関節から下方へ3カ所ずつ、両足すべての指を押していく

足裏

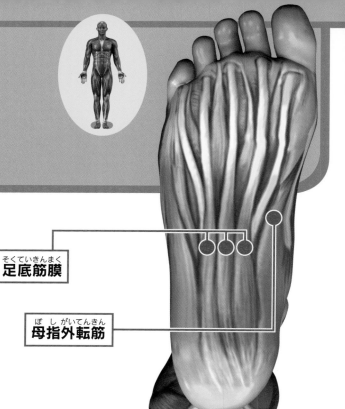

両手の親指を重ねて体重をかけ
土踏まずの筋肉をはがす感覚

　ジャンプや着地を繰り返すことで足の裏に疲労がたまると、土踏まずのアーチ状の部分が下がって痛みを感じることがある。そうならないように、ふだんからケアするためのマッサージに最適。両手の親指を重ね、体重をかけて垂直に押していく。土踏まずの筋肉をはがすような感覚で行うのがポイントだ。ストレッチテストもチェックしよう。

足底筋膜（そくていきんまく）

母指外転筋（ぼしがいてんきん）

マッサージのポジション

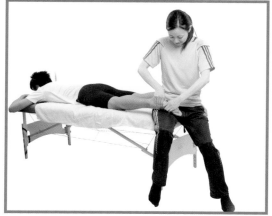

ベッドに浅く腰かけ、マッサージする足をももの上に抱える

ストレッチテスト

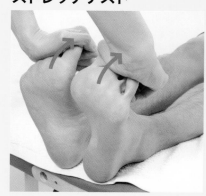

左右の足を見比べ、曲がり具合をチェックしよう。上の写真では、奥の左足のほうがこっていることになる

あおむけで足首を90°に固定し、足の指を頭のほうへ強く押す。このとき、より足裏が曲がるほど、筋肉のこりが少ないということになる。こりがひどいほう（曲がりが悪い足）の筋肉を重点的にほぐす。

1 も む ［両母指揉捏］

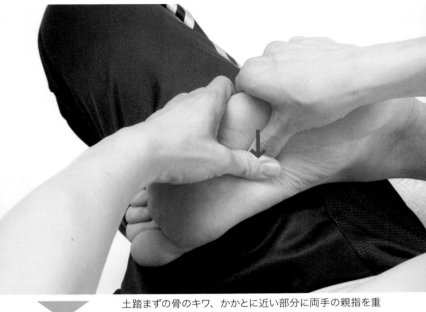

土踏まずの骨のキワ、かかとに近い部分に両手の親指を重ねて当て、垂直に押し込む

POINT
筋肉をはがす感覚で

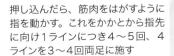

皮膚の表面を強くさするのではなく、指で筋肉をはがす感覚で行う。2〜4ライン目も同じ意識で行おう

押し込んだら、筋肉をはがすように指を動かす。これをかかとから指先に向け1ラインにつき4〜5回、4ラインを3〜4回両足に施す

足の甲

骨と骨の間にある筋肉を圧迫「はじく」手技も試してみよう

　足裏同様、足の甲もジャンプや着地で疲労が蓄積し、痛みが発生することがある。そこで予防のために、甲の骨と骨の間の筋肉を、親指で圧迫してほぐしていく。足指の付け根側から足首に向かい、親指で押していく。これを足の小指側から始め、親指側へ４ライン。疲れがたまっている人は、足の腱をはじく手技も併用すると効果アップ。

骨間筋（こっかんきん）

マッサージのポジション❶

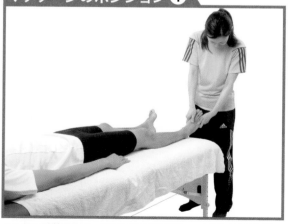

ベッドの手前に立ち、両手で足の甲を持つ。圧迫する手と逆の手で、足の甲が逃げないようにしっかりと支える

マッサージのポジション❷

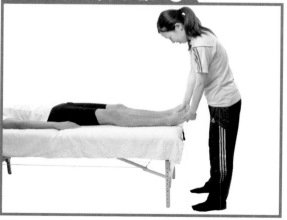

横から見た写真。直立してやや前傾する。どの程度前傾するかはベッドの高さにもよるが、自分のやりやすい体勢でいい。足は自然に開く

1 押 す [母指圧迫]

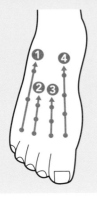

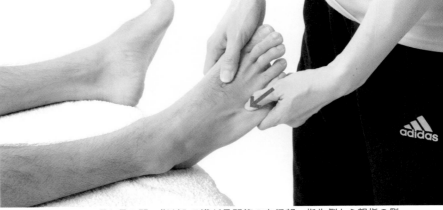

骨と骨の間、指が入る溝が骨間筋の走行部。指先側から親指の側面または指先の細い部分をその溝に入れ、真上から圧を加える

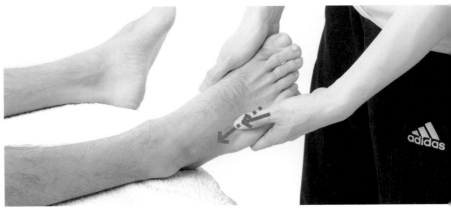

押したら少しずつ指をずらし、足の甲の溝がなくなる部分まで押していく。また、左足は右手で、右足は左手で圧迫すること

発展

母指揉捏で腱をはじく

母指揉捏で足の甲の腱をはじくようにもむマッサージ。特に疲労がたまっている人は、母指圧迫と併用しよう。右足の場合、右手で足の小指側から親指側へ5ライン×2回、左手で親指側から小指へと5ライン×2回もむ。同様に、左足も2回ずつ。

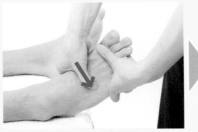

小指の腱の少し手前から親指でもみはじめる

ラインは5本。足首近くまでもむ

かかと

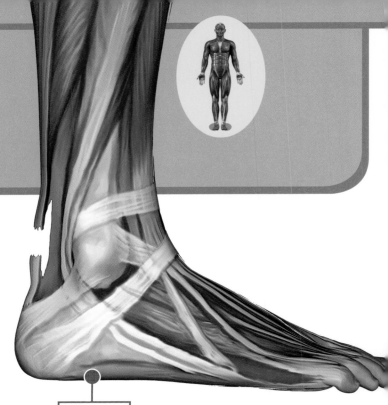

そくていきんまく
足底筋膜

ほぐす部位ごとに
使う指を変える

　マラソン選手など、主に走るトレーニングを長時間行う人が、痛みなどを発症しやすいのがかかと。かかととは、内側と先端、外側でマッサージに使う指が異なる。かかとの筋肉は硬くもみにくいが、内側と先端は筋肉を押してはがすような感覚で（手技1）、かかと外側は筋肉を押してずらすようなイメージで（手技2）もむといいだろう。

マッサージのポジション

マッサージを受ける人はうつぶせに寝る。ベッドに浅く腰かけ背すじをのばし、ふとももに足をのせ、もむ

✕NG

肩が上がると力が入りづらくなるので注意

1 もむ ［両母指揉捻］

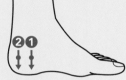

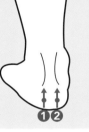

くるぶしの下、骨がなくなり、筋肉をさわれる部分に親指を当てる

かかと内側の筋肉を、押しながら持ち上げるイメージでもむ

アキレス腱の下、かかとの骨の上部に親指を重ねて当てる

かかとを包むようにある筋肉を、押しはがすイメージでもむ

2 もむ ［二指揉捻］

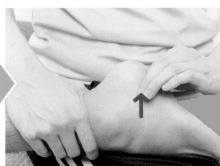

かかとを両サイドから親指と人差し指でつかむ。逆の手で足首を支えておこう

人差し指を使い、筋肉をずらすイメージで、かかと先端方向にもみあげる

ふともも 前側

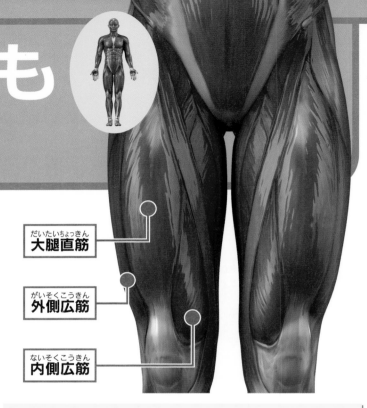

複数の手技を用いて
筋肉をもみほぐす

　ダッシュやターン、歩行などあらゆる動作で使われるのが、ふとももの前側。軽い刺激でマッサージの準備の意味がある手掌軽擦（手技1）、手のひらで筋肉をつかみはがすようにほぐす手掌把握（手技2）、手の付け根に体重をかけて筋肉をもみほぐす手根揉捏（手技3）、いわゆる「チョップ」のように両手で筋肉をたたく切打法（手技4）など、さまざまな手技を使ってほぐしていく。

大腿直筋（だいたいちょっきん）

外側広筋（がいそくこうきん）

内側広筋（ないそくこうきん）

マッサージのポジション

足をやや広げてベッドの横に立ち、上体を少し前傾させる

ストレッチテスト

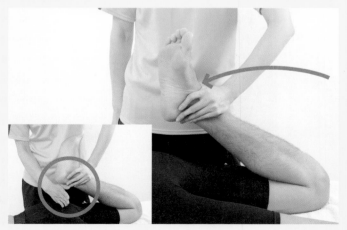

うつぶせの状態でひざを曲げ、かかとがおしりにつくように限界まで曲げる。おしりに近づけられるほど、ももの前側の筋肉の張りは少ない。左下の写真のように、かかととおしりの間に指を入れてチェックし、指が2本以上なら重点的にほぐす。

1 さする ［手掌軽擦］

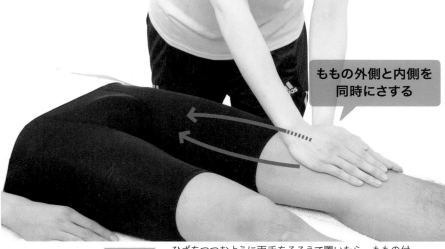

ももの外側と内側を
同時にさする

ひざをつつむように両手をそろえて置いたら、ももの付け根までゆるやかに曲線を描きながらさすりあげる

2 もむ ［手掌把握］

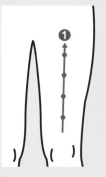

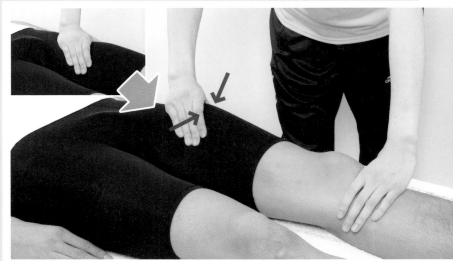

手のひらをももの左右中央部に置き、大腿直筋を親指の付け根と4本の指の第二関節付近で、ももの骨からはがすようにつかみ上げる

3 もむ ［手根揉捏］

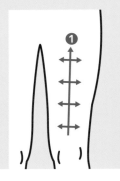

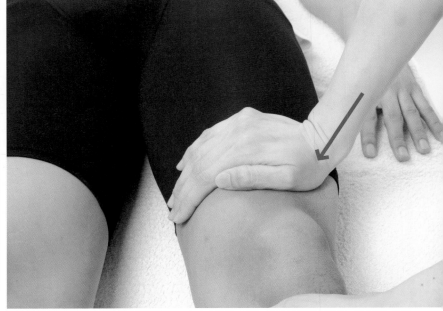

もものやや内側に手の付け根を当て、軽く押しこむ

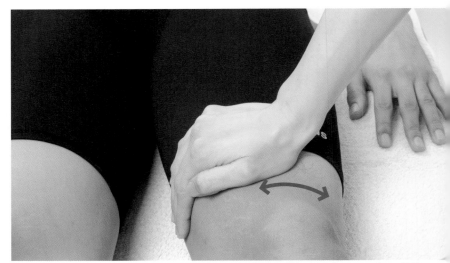

皮膚ではなく筋肉を動かすようなイメージで、体重をかけたまま前後に手を動かしていく。ひざの上からももの付け根に向かって行う

4 たたく ［切打法］

1ライン × **7〜10**秒○

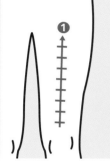

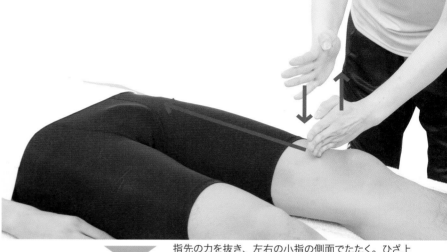

指先の力を抜き、左右の小指の側面でたたく。ひざ上からももの付け根まで7〜10秒ほどかけて行う

5 さする ［手掌軽擦］

1ライン × **3〜4**回

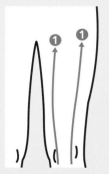

最後に手掌軽擦を49ページの「1」とまったく同様に行い完了

ふともも裏側

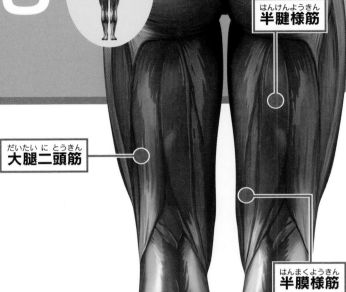

はんけんようきん
半腱様筋

だいたいにとうきん
大腿二頭筋

はんまくようきん
半膜様筋

肉離れを起こしやすい部位
入念にほぐしておきたい

　ふとももの裏側は、内側には半腱様筋と半膜様筋、外側には大腿二頭筋という筋肉があり、これらをほぐしていくのがマッサージの流れとなる。この３つの筋肉の総称を「ハムストリング」というが、肉離れを起こしやすい場所なので、入念にマッサージしておきたい。手根圧迫（手技２）や両母指圧迫（手技３）など力の入れやすい手技で、厚い筋肉をほぐしていく。

マッサージのポジション

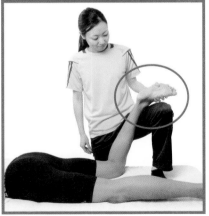

ベッドに片足をのせ、マッサージを受ける人の足をももに置く。もも裏の筋肉がゆるみ、ほぐしやすくなる

ストレッチテスト

check!

足首を90°に固定し、ひざをのばして足を垂直に上げる。その状態で、ふとももの裏側の筋肉の張りをチェック。明らかに張りが強いなら入念にほぐしていく。

1 さする ［手掌軽擦］

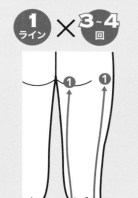

1 ライン × **3~4** 回

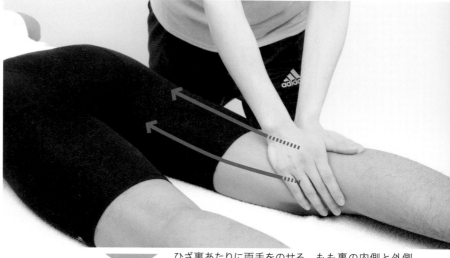

ひざ裏あたりに両手をのせる。もも裏の内側と外側をゆるやかな曲線を描くように両手でさする

2 押 す ［両手根圧迫］

3 ライン × **2~3** 回

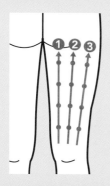

手を重ねる

ひじをのばし、ももの中心部へ向けて垂直に押し込む。腕の力ではなく体重をかけて押す

3 押す [両母指圧迫]

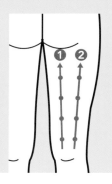

親指を重ねて、ももの中心部に向けて垂直に体重を
かける

POINT

筋肉を意識して押していこう

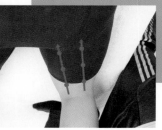

内側を走る半
腱様筋と半膜
様筋、外側に
走る大腿二頭
筋を押す

ひじをのばすことで体重を乗
せやすくなる。ひざ裏側から
ももの付け根に向けて3〜4
カ所押していく

4 たたく ［切打法］

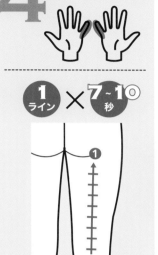

1ライン × **7〜10**秒 ◎

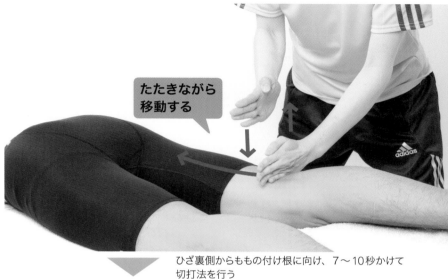

たたきながら移動する

ひざ裏側からももの付け根に向け、7〜10秒かけて切打法を行う

5 さする ［手掌軽擦］

1ライン × **3〜4**回

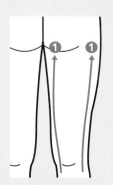

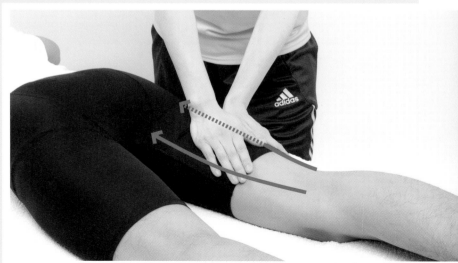

最後に手掌軽擦を、53ページの「1」とまったく同様に行い完了

ふともも 外側

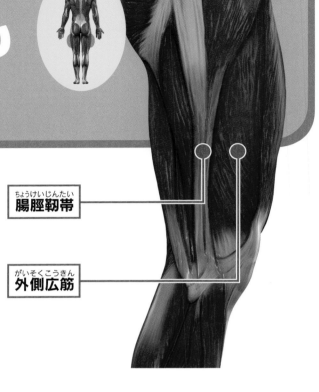

腸脛靭帯 （ちょうけいじんたい）

外側広筋 （がいそくこうきん）

ももの外側の筋肉を
押してはがす感覚で

　ひざ横から腰骨のすぐ下にかけての外側広筋や腸脛靭帯など、ももの外側の筋肉を手根（手技2）や両母指（手技3）で押してはがすようにほぐす。腕の力でもむのではなく、ひじをのばし、手や指に体重をかけてもみこんでいく。外側広筋は股関節に付いているので、硬くなると股関節の動きを妨げ、あらゆるスポーツで疲労をためてしまう部位。腰痛や膝の痛みの原因にもなるので、入念にほぐす。

マッサージのポジション❶

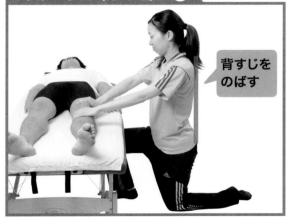

背すじを
のばす

真横から見たポジション。ベッドの横で立てひざになり、背すじをのばす

マッサージのポジション❷

足を固定

マッサージを行う手の逆の手は、ひざの下に当てて足が逃げないようにしっかり押さえる

1 さする［手掌軽擦］

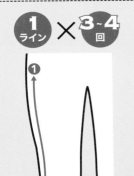

1 ライン × 3~4 回

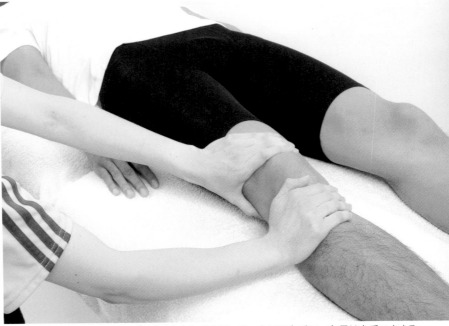

ひざの上あたりに手を当てる。右足は左手で、左足は右手でさする

POINT
腰骨のすぐ下までさする

腸脛靭帯、外側広筋は腰骨付近までのびる。広い範囲をしっかりさすろう

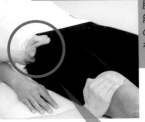

ここまでさする

靭帯や筋肉の走向にそってさする

57

2 もむ ［手根揉捏］

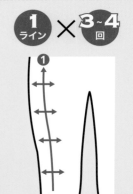

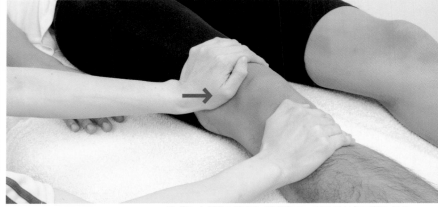

ひざのすぐ横の筋肉に手を当て、手の付け根で押し込む

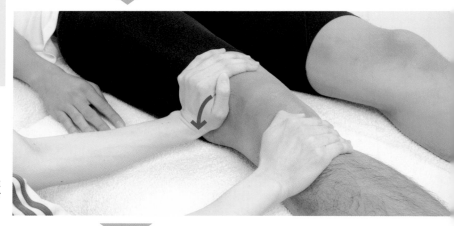

押したまま、筋肉をずらすような感覚で手の付け根を下にずらす

今度ははがした筋肉を上へ持ち上げるようにもむ。ここまでを1カ所につき3〜4回行いながら、腰骨付近までさする

58

3 もむ ［両母指揉捏］

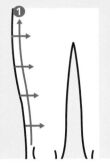

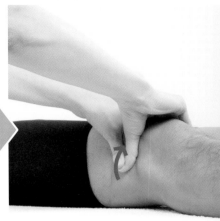

手根揉捏同様、押す→ずらすという動作で、筋肉を持ち上げるようにもむ。これを腰骨付近まで行う

4 さする ［手掌軽擦］

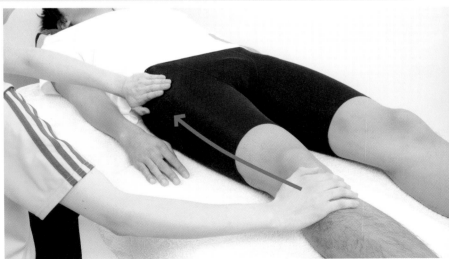

最後にP57の「1」と同様、全体をさすって終了

ふともも
内側

内転筋群

肉離れを起こしやすい部位
内転筋を押してもむ

　ふとももの内側は、ダッシュやターンの際に肉離れを起こしやすい部位。一度肉離れを発症した人は、再発しやすいので特によくほぐしておきたい。マッサージは手根を用いて、内転筋という筋肉を圧迫したり（手技2）、もみ込んだり（手技3）して行う。マッサージをしてもまだ硬いところがあったら、母指で5〜10秒押したり、硬い部分だけ何回も揉捏してもいい。

マッサージのポジション ①

ももを高く
すると安定

ベッドに腰かけ足を組んだら、マッサージを受ける人のももを、自分のももの上に置く。股関節の硬い人がマッサージを受ける場合は、右下の写真のようにももを高くすると安定する

マッサージのポジション ②

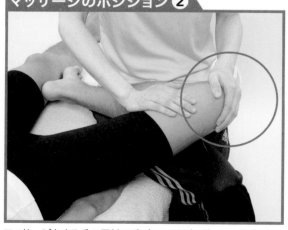

マッサージをする手の反対の手（ここでは左手）で、ひざをしっかり押さえる

1 さする ［手掌軽擦］

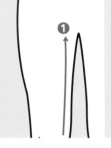

ひざの内側側面あたりからさすっていく

ももの付け根まできっちりさする

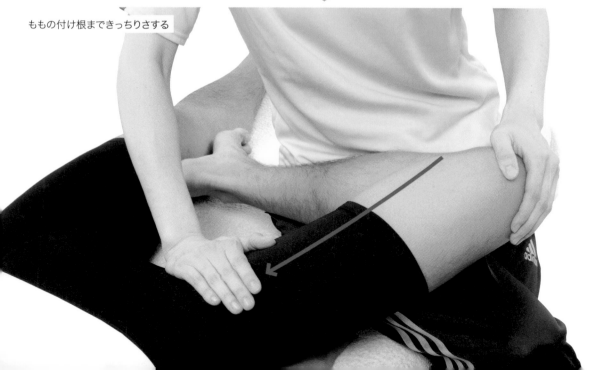

2 押 す [両手根圧迫]

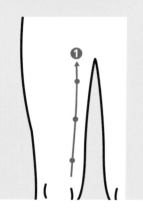

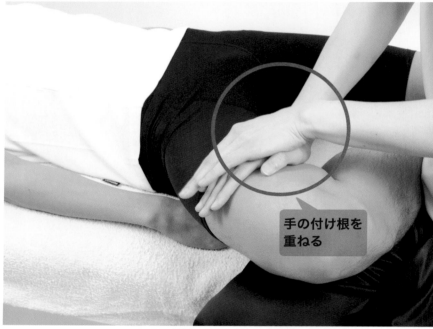

手の付け根を
重ねる

両手の手根を重ね、内転筋の中心部分を押していく

POINT
内転筋にそって押していこう

手掌軽擦同様、
ふともも内側の
中央付近を走る
内転筋ぞいに押
していく

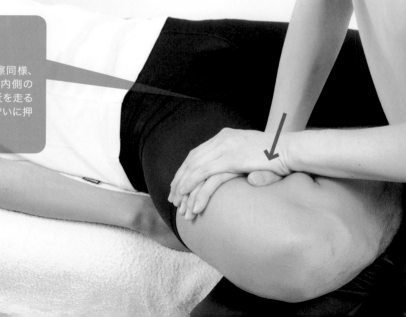

真上から体重をかける
ように、深く押し込む

3 も む ［両手根揉捻］

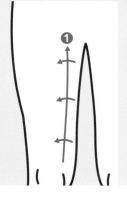

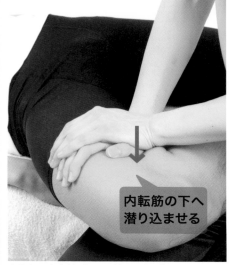

内転筋の下へ潜り込ませる

内ももの中央付近に、手根を重ね当てる

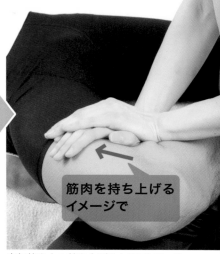

筋肉を持ち上げるイメージで

内転筋を上へ持ち上げるようにもむ。これを手掌軽擦や手根圧迫と同様、内転筋にそって行う

4 さする ［手掌軽擦］

P61と同様に、最後にさすって終了

ひざの
お皿周り

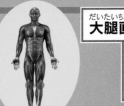

大腿直筋付着部
<small>だいたいちょっきん ふ ちゃく ぶ</small>

膝蓋靭帯
<small>しつがいじんたい</small>

正面

ほぐす場所によって
ポジションを変えていく

ひざのお皿の周りには、大腿直筋や腸脛靭帯など、体重を支える筋肉や靭帯が集まっているため、疲労がたまりやすい。マッサージはお皿にそって行うが、場所がわかりにくいところもあるので注意。またマッサージする部位によってポジションと使う手も変わる。手順をしっかり確認しながら施術しよう。

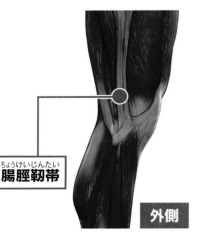

腸脛靭帯
<small>ちょうけいじんたい</small>

外側

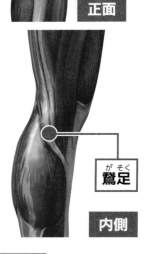

鵞足
<small>が ぞく</small>

内側

マッサージのポジション❶

外側を施術する場合

やりやすい
方の手で

ひざの正面と外側をマッサージするときのポジション。手技を行う手は、やりやすい方で○Kだ

マッサージのポジション❷

内側を施術する場合

やりやすい
方の手で

ひざの内側をマッサージするときのポジション。ポジション1・2とも、やりやすい方の手で施術する

1 も む ［母指揉捏］

5 カ所 × **2~3** 回

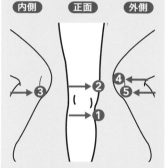

内側　正面　外側

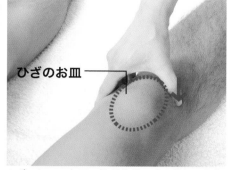

ひざのお皿

ひざのお皿の左下、膝蓋靭帯のやや外側に親指を当てる

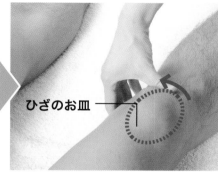

ひざのお皿

体重をかけながら、膝蓋靭帯を横切るように親指をひざの正面までスライドさせる。お皿の上部も同様に行おう

POINT

両サイドも もみほぐそう

内側と外側の3カ所は、もむ位置がわかりにくい。右の写真で各部位を確認しよう

外側（2カ所）
腸脛靭帯と大腿二頭筋をもむ

内側（1カ所）
鵞足をもむ

2 押 す ［母指圧迫］

1 ライン × **3~4** 回

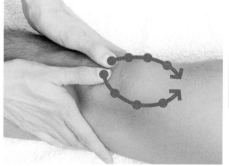

両手の親指で2ラインを同時に、軽く圧迫していく。強くやりすぎないように注意

常に指のキワがお皿に当たる位置を心がけて圧迫していく。こちらも軽く行う

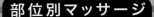

ひざ裏

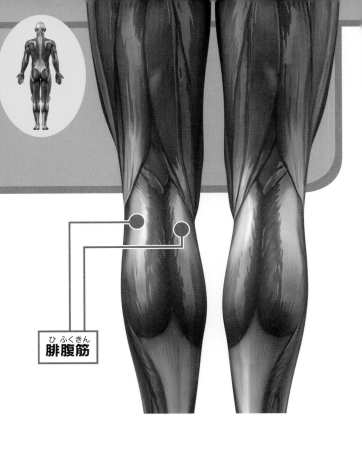

腓腹筋

しっかり押しながら
はがすようにもみほぐす

　ランニングやウォーキングのしすぎ
や、身体の左右でバランスがズレている
ときに、ひざ裏が張ったり、痛みが出た
りすることがある。主な原因は、ふくら
はぎ（腓腹筋）の外側と内側の筋肉の付
着部、ひざの裏側で細くなっている部分
が疲労しているため。母指揉捏でもみほ
ぐそう。圧迫気味に押してから、筋肉を
外へはがすようにもむ。

マッサージのポジション❶

足をベッドに
のせる

ベッドに片足をのせ、マッサージを受ける人の足を自分のももに
のせる

マッサージのポジション❷

チェック！
120°

マッサージを受ける人のひざの角度は120°程度。あまりひざを
上げすぎると、マッサージする部分が狭くなる

1 も む ［母指揉捏］

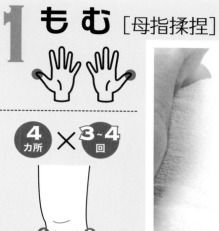

4カ所 **×** **3~4**回

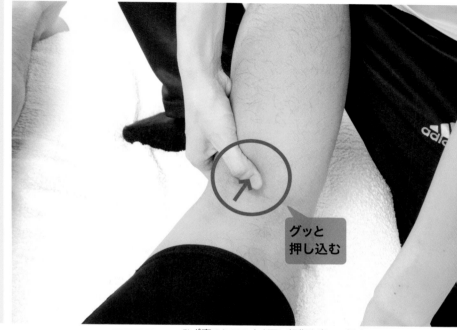

グッと
押し込む

ひざ裏のシワのすぐ下に親指を当てて押す

POINT

腓腹筋の形を意識しよう

ふくらはぎからひざ裏につながる腓腹筋。その最上部をはがすように意識すると、施術しやすい

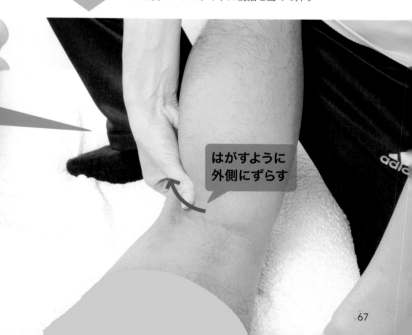

はがすように
外側にずらす

押したまま、筋肉をはがすように足の外側へずらす。内側と外側の計4カ所を同様にもむ

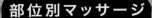

すね

前脛骨筋（ぜんけいこつきん）

長趾伸筋（ちょうししんきん）

長腓骨筋（ちょうひこつきん）

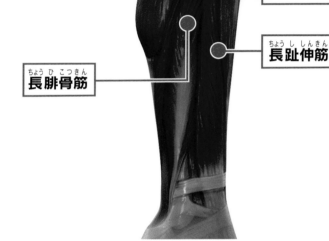

２つの筋肉の位置を基準に もみほぐしていこう

　足のつま先を動かす筋肉などが通っていて、サッカー選手などが傷めやすい部位。圧迫（手技２）・揉捏（手技３）の際は、すねの骨のすぐ脇を通る前脛骨筋と、その脇を通る長趾伸筋や腓骨筋をほぐしていく。すねの骨のすぐ脇のライン、くるぶしから上に向かうライン、その二本の中間の３ラインを基準に施術していく。筋肉を押して持ち上げる感覚で揉捏を行うのは、ほかの多くの部位同様だ。

マッサージのポジション ❶

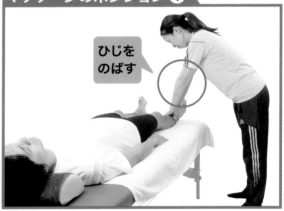

ひじをのばす

P70-71の「２押す」「３もむ」の際、３本のラインのうち、上の２本をマッサージするときは、立った体勢でやや前傾ぎみのポジションになり、上から圧をかける

マッサージのポジション ❷

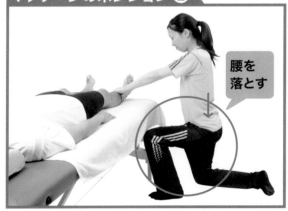

腰を落とす

いちばん下のラインをマッサージするときは、立てひざで身体を安定させ、横から圧をかける

1 さする ［手掌軽擦］

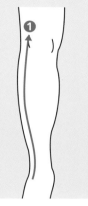

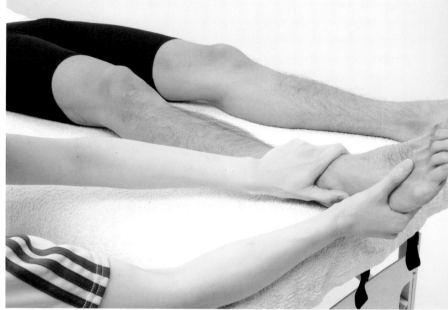

右手で足を押さえ、足首あたりに左手の手のひらを当てる

２本の腓骨筋をイメージしながら3〜4回さする

2 押す ［両母指圧迫］

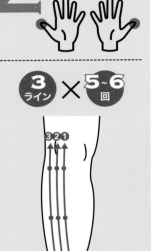

3 ライン × **5~6** 回

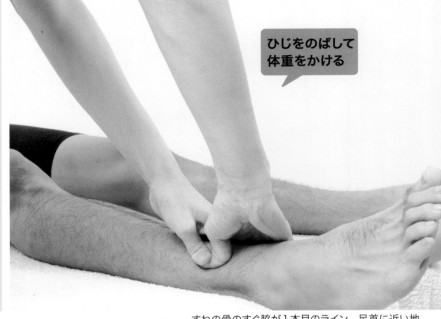

> ひじをのばして
> 体重をかける

すねの骨のすぐ脇が1本目のライン。足首に近い地点から押していく

ひざの下までのライン上を3回押す。3〜5秒かけてじっくり圧迫

POINT
ラインの位置を確認

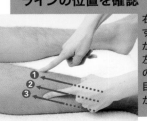

右手で差しているすねの骨のすぐ下が1本目のライン。左手で差しているのが3本目。1本目と3本目の中間が2本目だ

3 もむ［両母指揉捏］

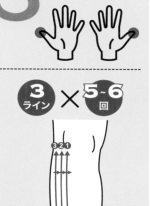

3 ライン × **5~6** 回

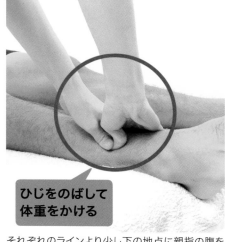

**ひじをのばして
体重をかける**

それぞれのラインより少し下の地点に親指の腹を
当てて重ねる

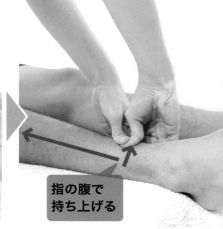

**指の腹で
持ち上げる**

指の腹で前脛骨筋を下から上へと持ち
上げるようにもむ。足首付近からひざに
向かって進む

4 さする［手掌軽擦］

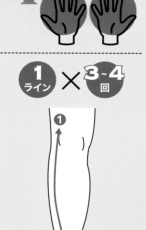

1 ライン × **3~4** 回

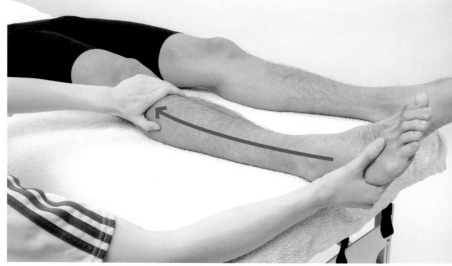

「1」と同様に、足首を持ちながらさすって完了

ふくらはぎ

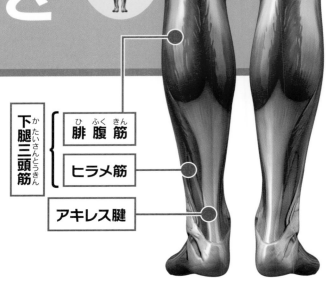

下腿三頭筋 (かたいさんとうきん)	腓腹筋 (ひふくきん)
	ヒラメ筋
	アキレス腱

特に入念にほぐしたい部位
マッサージ初心者でもやりやすい

　ふくらはぎは、あらゆる運動で疲労がたまりやすい部分。また、アキレス腱や足の裏にもつながっているので、周辺部位の痛みの原因にもなりかねない。特に時間をかけて入念にほぐしておきたいところだ。また、ふくらはぎの筋肉は比較的面積が大きく、柔らかいため、マッサージ初心者でももみやすい。まずはここから挑戦するのもいい。

マッサージのポジション

足首をももにのせる

ベッドの横に立ち、片足をベッドにのせる。マッサージを受ける人の足をももにかける

ストレッチテスト

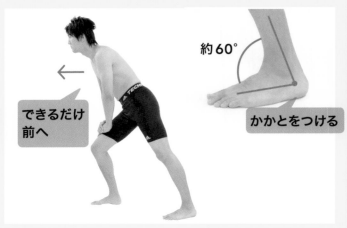

できるだけ前へ

約60°

かかとをつける

足を縦に開き、上体を前に出す。後ろ足の足首を60°ぐらい曲げたとき、ふくらはぎに張りを感じたら重点的にほぐすサインだ。左右の足で張りが異なるなら、より張りの強いほうをよくほぐす。

1 さする ［手掌軽擦］

1 ライン × **3~4** 回

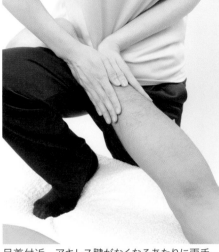

足首付近、アキレス腱がなくなるあたりに両手をそろえて当てる

**ひざ裏まで
さする**

手のひら全体でひざ裏までさする

2 もむ ［手掌把握］

2 ライン × **5** 回

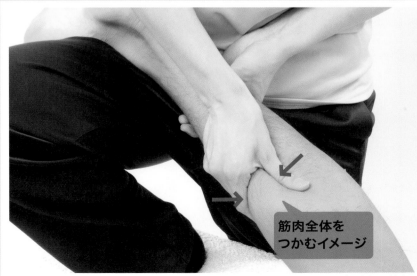

**筋肉全体を
つかむイメージ**

アキレス腱のなくなるあたりから、ふくらはぎの内側の筋肉をつかんでいく。親指の付け根と4本の指の第二関節付近で

73

3 もむ ［手根揉捏］

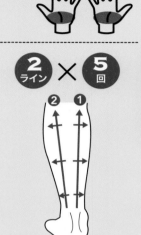

2 ライン × 5 回

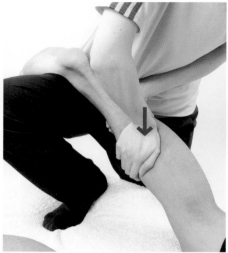

筋肉を手根ではがす

アキレス腱のなくなるあたりからもみはじめる。足の左右中央付近から外側へもんでいく

筋肉を手根で外側へはがすようなイメージで行う

4 押す ［両母指圧迫］

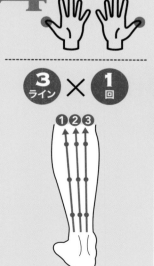

3 ライン × 1 回

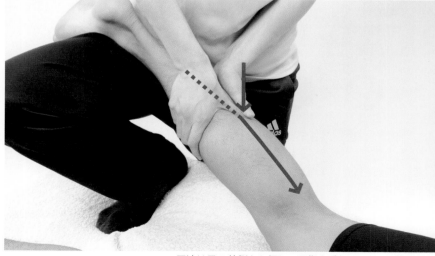

圧迫は足の外側から行う。母指を重ねてアキレス腱のなくなる付近からひざ裏まで、3回に分けて押していく

5 たたく ［切打法］

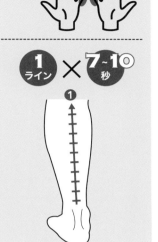

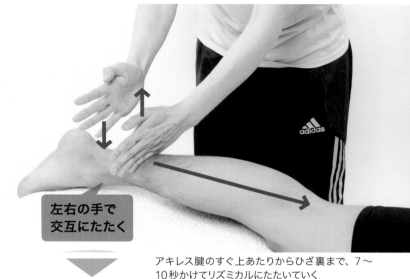

左右の手で
交互にたたく

アキレス腱のすぐ上あたりからひざ裏まで、7〜
10秒かけてリズミカルにたたいていく

6 さする ［手掌軽擦］

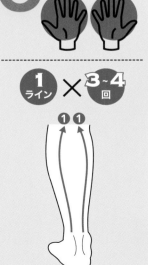

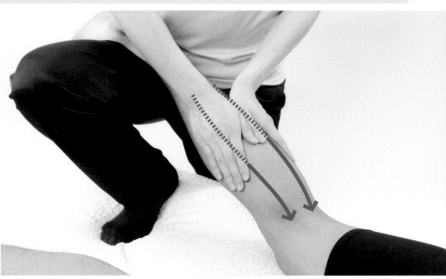

最後に「1」と同様に手掌軽擦を行って終わり

アキレス腱

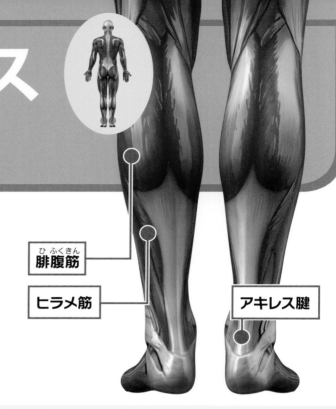

腓腹筋（ひ ふくきん）

ヒラメ筋

アキレス腱

重大な外傷にもつながる部位
腱を直接左右にずらそう

アキレス腱は腓腹筋、ヒラメ筋といった、ふくらはぎとかかとをつなぐ太い腱。走ったり跳ねたりするときに働く重要な部位で、酷使し過ぎるとアキレス腱炎を発症したり、急激なストレスを受けた場合はアキレス腱断裂という外傷を発症することも。そんなアキレス腱は、直接つまみ、左右に動かしてほぐしていく。これだけで、重大な外傷を予防できる。

マッサージのポジション

POINT

背すじをのばす

背すじをのばし、アキレス腱から少し距離を置く。近づきすぎると、もみづらくなるので注意しよう

ベッドの横で片足をベッドにのせて、マッサージを受ける人の足をももで支える。左足をもむときは、右手で固定して左手で手技を行う

ストレッチテスト

ひざを
前に出す

60°

アキレス腱をのばす要領で足を前後に開き、後ろ足のかかとを60°ぐらい開いて地面につける。次に、後ろ足のひざを前へ曲げる。このとき、アキレス腱に痛みを感じたり、強い張りがあれば、その足を重点的にもみほぐす。

1 も む ［二指揉捏］

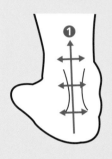

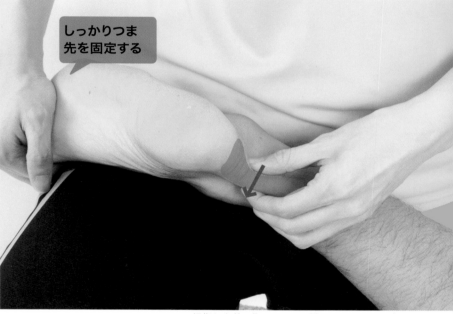

しっかりつま
先を固定する

親指と人差し指でアキレス腱をつまみ、足の内側
へとずらす。強くつまみすぎて痛くならないように
気をつける

POINT

アキレス腱は意外と長い

もむべきポイ
ントの一番上
はこのあたり。
意外とアキレ
ス腱は上に長
いので、しっ
かり全体をも
んでいく

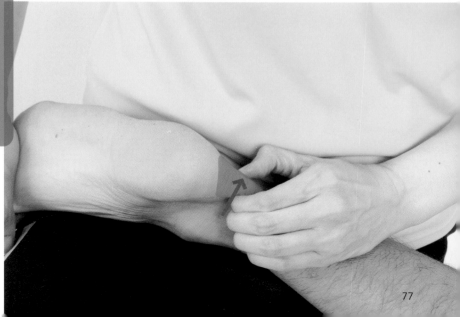

今度は足の外側へとずらす。
以上を1ライン3カ所、3
セットずつ両足に行う

臀部

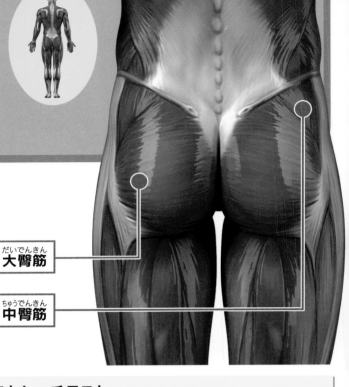

刺激を徐々に強く深く
筋肉を意識して施術しよう

臀部の筋肉は、股関節の機能を支える
うえで重要な筋肉であり、疲労すると腰
痛や姿勢の乱れの原因になるので注意し
よう。複数の手技を用いるが、最初は刺
激を浅く弱めにして、徐々に強く筋肉の
深部をほぐしていく。揉捏（手技2、4）
については、皮膚ではなく、奥にある筋
肉をしっかりとゆらすことを心がける。
臀部はほぐす位置の特定が難しいので、
中臀筋と大臀筋の位置をイメージしなが
らマッサージしていこう。

だいでんきん
大臀筋

ちゅうでんきん
中臀筋

マッサージのポジション

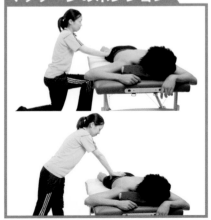

写真上は手掌軽擦、手根揉捏のときのポジ
ション。写真下は、両母指圧迫、両母指揉
捏のときのポジション

ストレッチテスト

足首と股関節、ひざをすべて90°に曲げて、身体の内側にねじ
る。手前から見て60°程度ねじり込めれば、臀部の筋肉の状態
は良好。40〜50°程度なら入念にほぐそう。左右の足で行い、
筋肉の張りがあるほうはより重点的に。

1 さする ［手掌軽擦］

足の付け根あたりに手を置き、腰までさする

2 もむ ［手根揉捏］

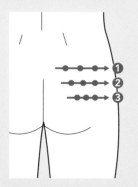

POINT
手首のスナップを効かせる
手首を返すように動かし、親指の付け根でほぐすようなイメージでもむ

腰骨のすぐ下、中臀筋を意識して手を当てたら、手首を返すように、手根で体の中心部までしっかりもむ。リズミカルに、手首のスナップを効かせよう。進行方向は高い位置から低い位置へと、手を下げていくようにする

3 押 す ［両母指圧迫］

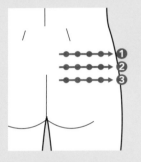

腰骨の近く、中臀筋に親指を重ねて1点目のポイントを押していく

2点目はおしりのふくらみが途切れるあたりが目安

POINT

3〜4秒かけて
ゆっくりと押していく

臀部の筋肉の奥深くに刺激を与えることを意識して、1地点辺り3〜4秒かけて徐々に強く押していく

ラインの終点はベッドにかなり近いところ。ここまでしっかり圧迫しよう

4 も む ［両母指揉捏］

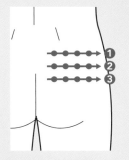

❶指の腹で押してから、❷持ち上げるイメージ。より深部の筋肉をほぐす

VARIATION

こりがひどいなら
ひじを使おう

筋肉のこりや張りがひどい場合は、圧をかけやすい肘で押す方法もある。中臀筋と大臀筋の境目を圧迫する

**より深く
筋肉をほぐせる**

5 さする ［手掌軽擦］

仕上げに、「1」と同様に手掌軽擦を行う

股関節

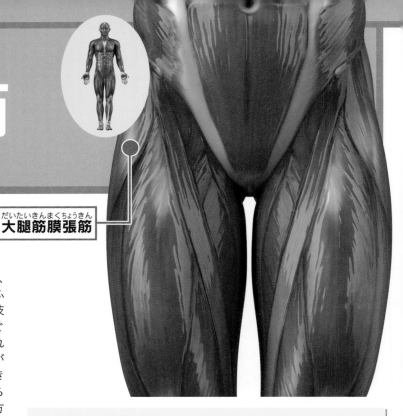

だいたいきんまくちょうきん
大腿筋膜張筋

3つの手技を
足の角度を変えて施術する

　股関節は外側・前側・内側に分けられ、前側は「ふともも前側（P48）」、内側は「ふともも内側（P60）」で紹介している手技でほぐしていく。ここでは、外側のほぐし方をチェック。股関節外側は特に疲れがたまりやすいが、特に大腿筋膜張筋が疲れると股関節の動きが悪くなり、動きづらさを感じるようになる。ほぐしづらいと思われがちだが、ここで紹介する方法で、深部までほぐすことが可能だ。

マッサージのポジション

ひじを
のばす

ベッドの横で立てひざになり、ひじをのばす

ストレッチテスト

ひざが
浮いたら硬い

　片足のひざを曲げ、限界まで胸に引き寄せる。このとき、逆の足のひざが浮いた場合、浮いた足側の股関節の筋肉が硬いということになる。またひざを曲げた方の股関節が詰まっている感じがあれば、その足側の大腿筋膜張筋が固くなっている可能性が高い。両足で実施して、硬いほうは念入りにほぐす。

1 押 す ［両母指圧迫］

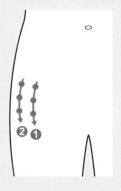

❶腰骨の下の筋肉を両手の親指で押していく

❷下のラインを圧迫。どちらも、腰骨の下とももの骨のでっぱり付近までを圧迫。多少痛いぐらい押していく

VARIATION

受ける側の体勢

この手技は、足をのばした状態、足をベッドの外に垂らした状態の2パターン行う。ひざを曲げると、筋肉のより奥を刺激できる

足を垂らした状態でも行う

2 もむ [両母指揉捏]

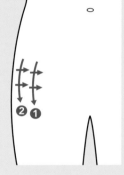

腰骨の下の筋肉に両手の親指を当てて押す

筋肉を押したのち、下から上に筋肉をはがす感覚でもむ。揉捏も、腰骨の下とももの骨のでっぱり付近まで、上下2ライン行う

VARIATION

受ける側の体勢

圧迫と同じく、足をのばした状態、足を垂らした状態でそれぞれもんでいく。

①足を垂らす

3 押す ［母指圧迫］

1力所 × **7-8**秒

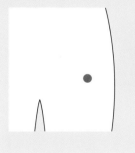

ももにのせて
固定する

足をももに乗せ、足の付け根（鼠蹊部）部分の中
心付近の一番硬い所に親指を当てる

足を抱えたまま体重をかけ
て圧迫。7～10秒ぐらいか
けてゆっくり押し込む

VARIATION

ひざの角度を
変えてほぐす

ひざの角度を変えて3
パターン行うとより効
果的。「まっすぐ」、「ゆ
るく曲げる」、「90°曲げ
る」の3パターンで押し
ていこう

①ゆるく曲げる

②90°曲げる

85

腰・背中

僧帽筋（そうぼうきん）

脊柱起立筋（せきちゅう き りつきん）

広背筋（こうはいきん）

多くの手技を用いて
大きな筋肉を入念にほぐす

背中には僧帽筋や広背筋といった大きな筋肉があり、疲労がたまると肩こりの原因になる。筋肉が大きいだけに、多くの手技を用いて入念にほぐしていこう。背骨の両脇にある脊柱起立筋のふくらみを、左右にずらす（手技2）、あるいははがす（手技4）イメージで行う手技が多い。腕を垂直に近い角度にしてもむなど、ポジションにも気を使おう。

マッサージのポジション❶

ひじをのばして体重をかける

ベッドの横に立ち、両手で体重をかけてマッサージする

マッサージのポジション❷

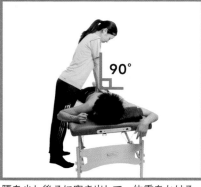

90°

腰を少し後ろに突き出して、体重をかける。背中に対して腕を垂直にすると体重をかけやすい

ストレッチテスト

立った状態で、両手を上げる。手が真上に上がらなかったり、背中が反るのは広背筋が硬い証拠。入念にほぐす。

1 さする [手掌軽擦]

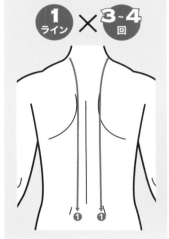

1 ライン × 3~4 回

POINT

力を入れすぎない

スタート時の手は、軽く握るだけ。あくまで軽擦なので、力は入れないこと

肩の僧帽筋を軽くつかむ

軽擦のスタート地点は肩から。肩のカーブに手のひらを軽く添える

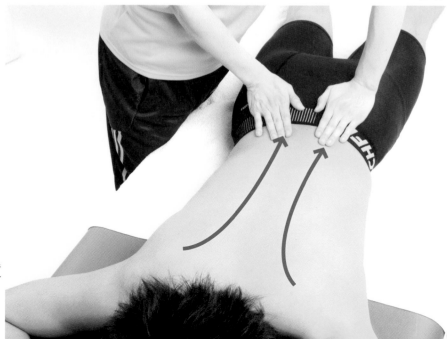

腰骨のあたりまで手を引くようにさすっていく

2 もむ [手根揉捏]

2ライン × **3~5**回

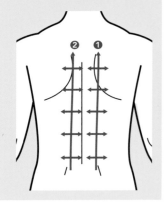

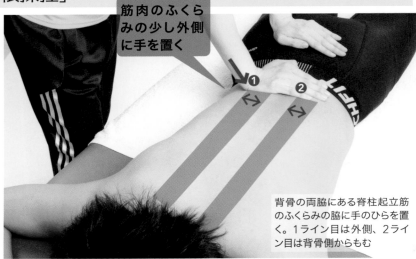

筋肉のふくらみの少し外側に手を置く

背骨の両脇にある脊柱起立筋のふくらみの脇に手のひらを置く。1ライン目は外側、2ライン目は背骨側からもむ

体重をかけたまま、筋肉を奥側へずらす。1カ所につき3～4往復させる

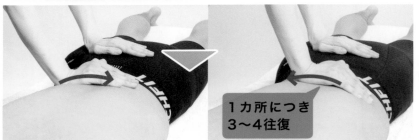

1カ所につき3～4往復

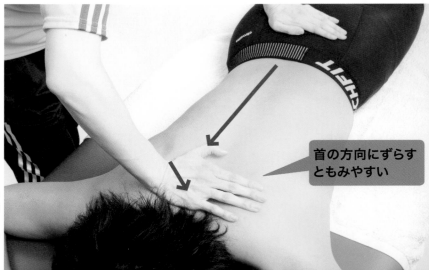

首の方向にずらすともみやすい

1カ所ごとに手のひらひとつぶんぐらいずらしていき、肩甲骨あたりまでもむ。肩甲骨まわりでは、少しななめに筋肉をずらすともみやすい

3 押 す［両母指圧迫］

2 ライン × **3~5** 回

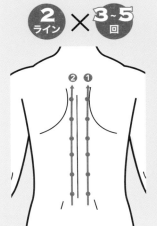

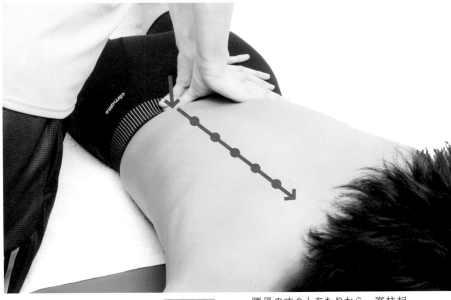

腰骨のすぐ上あたりから、脊柱起立筋のふくらみの際を押していく

POINT
5カ所目は肩甲骨に注意

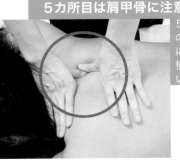

5カ所目は肩甲骨のキワを押すことになるので、指を横にして押すといい

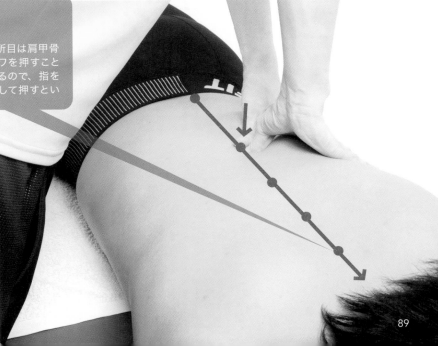

手根揉捏同様、2ライン目は逆側の脊柱起立筋の背骨側（内側）を圧迫していく

4 もむ［両母指揉捏］

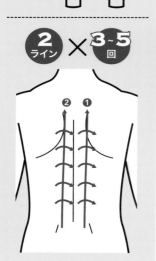

2ライン × 3〜5回

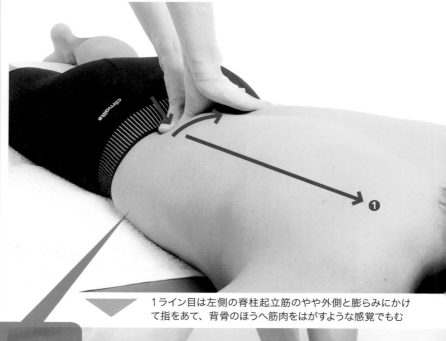

1ライン目は左側の脊柱起立筋のやや外側と膨らみにかけて指をあて、背骨のほうへ筋肉をはがすような感覚でもむ

POINT
肩甲骨付近は指を横向きに

両母指圧迫と同じく、肩甲骨付近を押すときは指を横向きにする

2ライン目は、右側の脊柱起立筋の内側に指をあて、背骨のほうから身体の外側へずらす

5 たたく ［切打法］

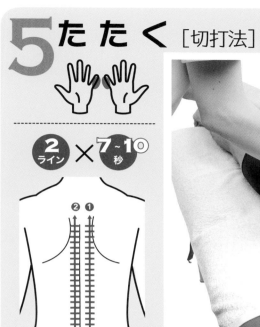

2 ライン × **7~10** 秒◯

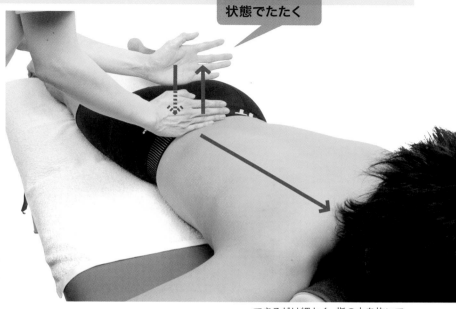

指は軽く開いた状態でたたく

できるだけ細かく、指の力を抜いて、小指の側面でたたく

6 さする ［手掌軽擦］

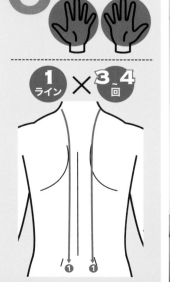

1 ライン × **3~4** 回

手のひら全体でしっかりとさする。慣れたら1回当たり1秒ぐらいのスピードでさすればOKだ

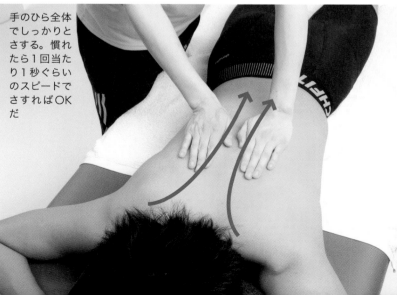

頭

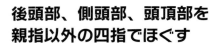

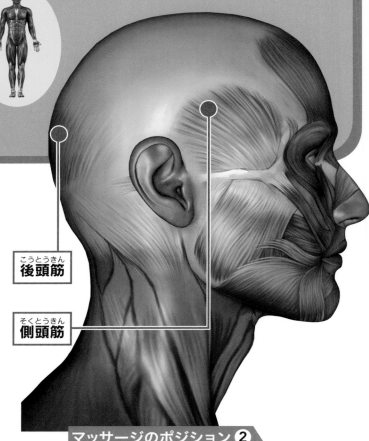

後頭部、側頭部、頭頂部を親指以外の四指でほぐす

あまり知られていないが、頭にも筋肉があり、気付かないうちにこることがある。頭痛や肩こりの原因になる部位の1つだ。マッサージする部分は、後頭部、側頭部、頭頂部の3カ所。親指以外の4本の指を軽く開き、細かく前後に動かしてもみほぐしていこう。マッサージを受ける人の首に力が入っているとうまくもめないので、タオルを使うなどしてもみやすいポジションを作ろう。

こうとうきん
後頭筋

そくとうきん
側頭筋

マッサージのポジション ❶

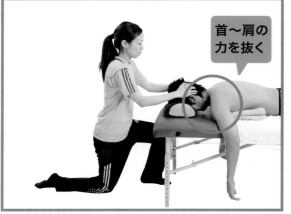

首〜肩の力を抜く

マッサージするときのポジションは頭の先。片ひざをついて、両手でほぐしていく

マッサージのポジション ❷

首から肩に力が入らないよう高さを調節する

マッサージを受ける人の胸にタオル、額の下に枕を置いて、首や肩に力が入らないように高さを調整する。タオルを厚めにたたみ、枕と同じくらいの高さにするといい

1 も む ［四指揉捏］

3 カ所 × **3~5** 回

後頭部、側頭部

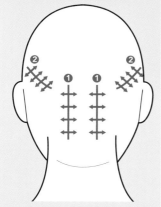

頭頂部

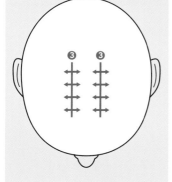

❸最後は頭頂部。手首を返し、逆手で行う。親指を下にし、左右に開いたり閉じたりするイメージ

5~6回
繰り返す

❶後頭部に4本の指を当て、四指がひっかかる場所を探す。見つけたら、指先を頭に押しつけて前後に動かしてもんでいく。これを5~6回繰り返す

❷後頭部と同じく、側頭部にも指がひっかかる部分があるので、そこで前後に動かしてもむ

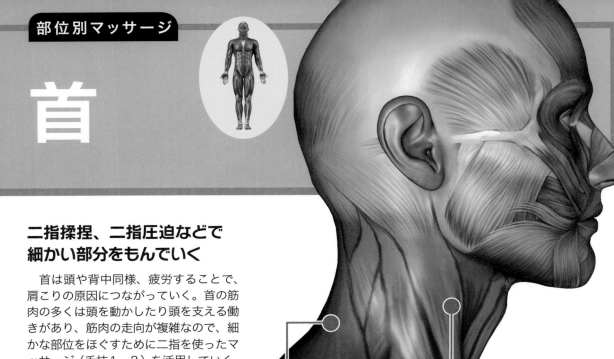

首

二指揉捏、二指圧迫などで
細かい部分をもんでいく

　首は頭や背中同様、疲労することで、肩こりの原因につながっていく。首の筋肉の多くは頭を動かしたり頭を支える働きがあり、筋肉の走向が複雑なので、細かな部位をほぐすために二指を使ったマッサージ（手技1、2）を活用していく。マッサージを受ける人はあおむけに寝て、ベッドと枕の間にできたスペースをうまく利用してもみほぐす形になる。

そうぼうきん
僧帽筋

きょう さ にゅうとつきん
胸鎖乳突筋

マッサージのポジション ❶

ベッドの端に

頭の後ろで立てひざの状態になりマッサージ。枕をベッドの端に設置して、マッサージを受ける人の頭が少しベッドから出るぐらいのほうがもみやすい

マッサージのポジション ❷

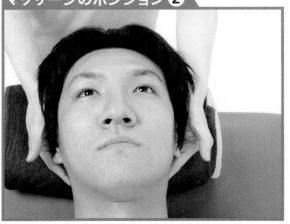

両手のポジションは左右対称、頭の下に潜り込ませる形

1 もむ [二指揉捏]

2 ライン × **3~5** 回

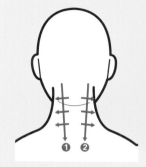

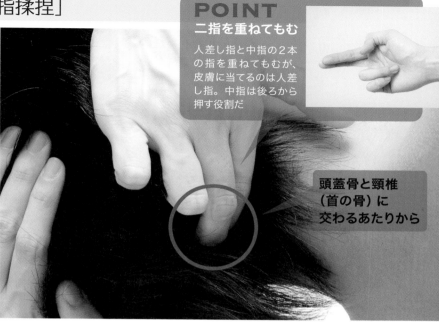

POINT
二指を重ねてもむ
人差し指と中指の2本の指を重ねてもむが、皮膚に当てるのは人差し指。中指は後ろから押す役割だ

頭蓋骨と頸椎（首の骨）に交わるあたりから

❶手を頭の下にすべりこませて、後頭部のキワの真ん中に人差し指を当てる。その上に中指を重ねて、首の後側の太い筋肉（僧帽筋）の内側を骨からはがすようにもんでいく

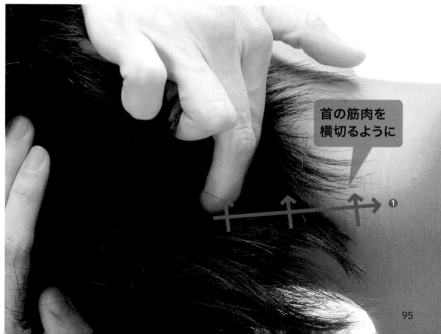

首の筋肉を横切るように

❶二指を首の外側に向かってずらすようにもんでいく。首の付け根に向けて、もむ位置をずらしていく

95

2 もむ ［二指把握］

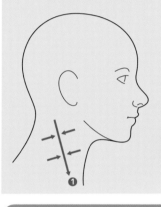

痛みが出ないよう
軽くつまむ

首から鎖骨へとななめに伸びる胸鎖乳突筋を、親指の腹と、
人差し指の第一関節と第二関節の間の側面でつまむ

POINT
胸鎖乳突筋を確認してつまむ

胸鎖乳突筋は位置
を把握しやすいの
で、しっかりとつ
まむ

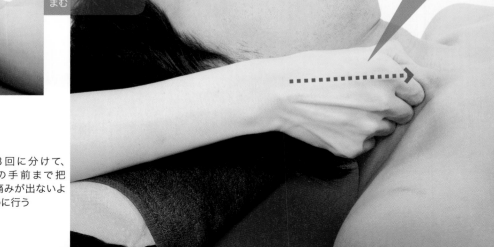

3秒ほどかけて
ゆっくりと

２〜３回に分けて、
鎖骨の手前まで把
握。痛みが出ないよ
う軽めに行う

3 押 す ［母指圧迫］

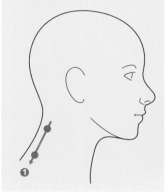
①

首を少しだけ反対側に倒すとももみやすい

首の横、二指把握でつまんだ胸鎖乳突筋のすぐ背中側にある筋肉を、外側（背中側）へ押す

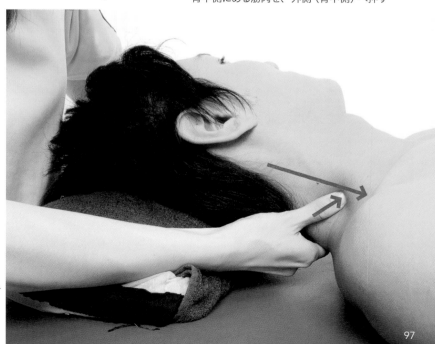

2カ所目は肩のすぐ上あたり

前腕

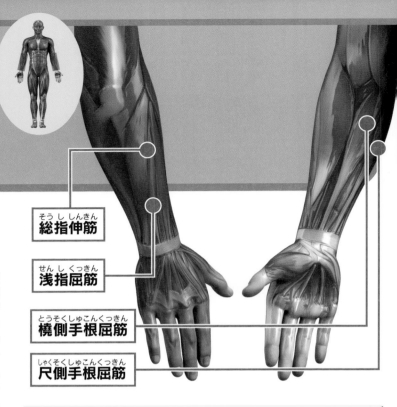

総指伸筋（そうししんきん）

浅指屈筋（せんしくっきん）

橈側手根屈筋（とうそくしゅこんくっきん）

尺側手根屈筋（しゃくそくしゅこんくっきん）

二指揉捏や母指揉捏の手や指の運びが難しい

　前腕には、手のひらの開閉や指・手首の曲げ伸ばし、手首の回旋などを司る筋肉がある。手を使うあらゆるスポーツで疲労しやすい部位だ。二指揉捏（手技3）や母指揉捏（手技4）などの手技で、手や指の運びがほかの部位であまりないタイプのものがあるので、練習が必要だ。ストレッチテストは、マッサージを受ける人だけでできるので、日ごろから試してもらいたい。

マッサージのポジション

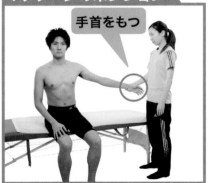

手首をもつ

マッサージを受ける人はベッドに腰かけ、隣に立つ。腕の角度はマッサージしやすい高さでよい

ストレッチテスト

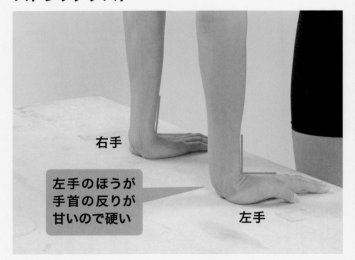

右手

左手のほうが手首の反りが甘いので硬い

左手

手のひらを台の上に写真のように置く。この状態で身体を後方に反らすと、手首の上の部分が張ってくる。左右の手首を比較して、曲がりづらい方を重点的にほぐしていく

1 さする [手掌軽擦]

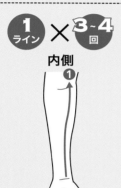

①
ライン × **3~4**
回

内側

握らずに添えるだけ

マッサージを受ける人の外側に位置する手で手首を固定し、逆の手のひらを、腕の内側、手首付近に密着させる

POINT
親指を上にする

腕の筋肉は複雑なので、ビギナーは親指を常に上に向けておこう。親指を基準にすることで、わかりやすさがアップする

腕の内側をひじの近くまでさする

99

2 もむ [手掌把握]

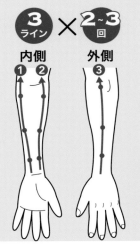

3ライン × 2~3回

内側　外側

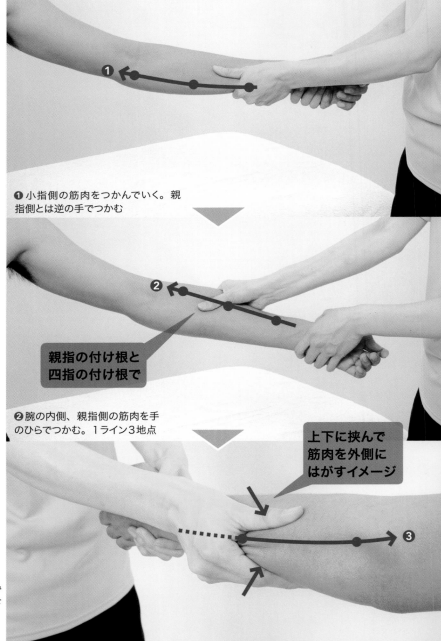

❶ 小指側の筋肉をつかんでいく。親指側とは逆の手でつかむ

親指の付け根と四指の付け根で

❷ 腕の内側、親指側の筋肉を手のひらでつかむ。1ライン3地点

上下に挟んで筋肉を外側にはがすイメージ

❸ 腕の外側の筋肉を手のひらでつかむ。骨の外側の筋肉を上下に挟むイメージ

3 **もむ** [二指揉捏]

2 ライン × **3〜5** 回

内側

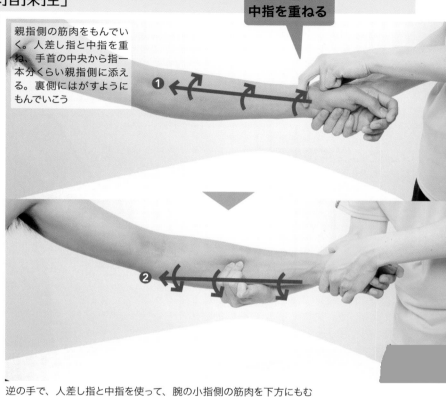

親指側の筋肉をもんでいく。人差し指と中指を重ね、手首の中央から指一本分くらい親指側に添える。裏側にはがすようにもんでいこう

人差し指と中指を重ねる

逆の手で、人差し指と中指を使って、腕の小指側の筋肉を下方にもむ

4 **もむ** [母指揉捏]

1 ライン × **3〜5** 回

外側

腕の外側の筋肉に、親指を当てる

親指側に筋肉をはがすようにずらし、ひじの手前まで、1ライン3地点をもんでいく

101

上腕三頭筋

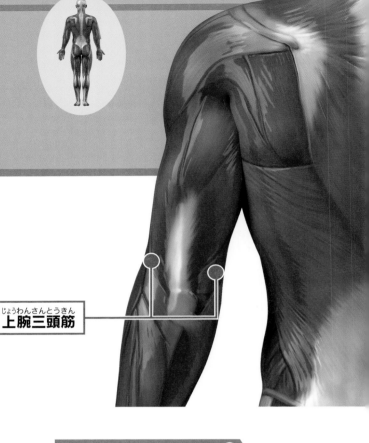

上腕三頭筋 (じょうわんさんとうきん)

ひじをのばす役割を持つ
筋肉をはがすようにもむ

　腕の裏側（背中側）に二手にわかれてついている筋肉が上腕三頭筋。ひじをのばす役割があるため、野球のピッチャーやテニス選手などが疲労しやすい。筋肉をつかんだり（手技1）ずらしたり（手技2、3）して、はがすイメージでもむ。手技によってポジションを変える必要があるので、以下の「ポジション」をしっかり確認して、正しい姿勢で施術する。

マッサージのポジション ❶

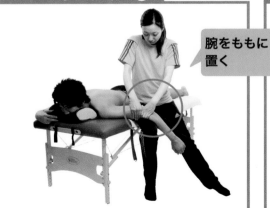

腕をももに置く

母指揉捏を行う際は、ベッドに浅く腰かける。マッサージを受ける人の腕を垂らし、軽くひじを曲げる

マッサージのポジション ❷

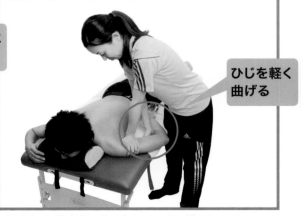

ひじを軽く曲げる

手掌把握と手根揉捏を行う際は、ベッドの横に立ってもみ、マッサージを受ける人の腕を逆の手でしっかり支える

1 もむ ［手掌把握］

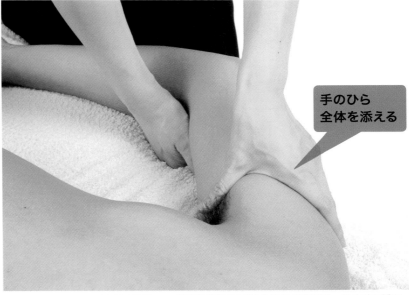

**手のひら
全体を添える**

腕の裏側に手のひら全体を当てる。軽く手を開き、
指先まで皮膚に当たるように

POINT
ひじのすぐ上までもんでいく

上腕三頭筋の走向
にそって、脇から
ひじのすぐ上あた
りまで3回もんで
いく

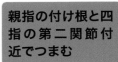

**親指の付け根と四
指の第二関節付
近でつまむ**

親指の付け根と、残
り4本の指の第二関
節付近で筋肉をつか
む

2 もむ [手根揉捏]

| 1 ライン | × | 3~5 回 |

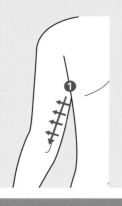

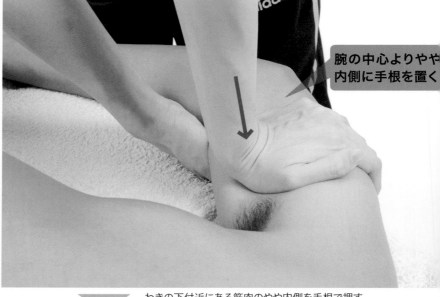

腕の中心よりやや内側に手根を置く

わきの下付近にある筋肉のやや内側を手根で押す

POINT
腕のやや内側からもんでいこう

上腕三頭筋の内側に手根を置いて、外側にもんでいくイメージで行う

腕の外側へゆっくりと筋肉をずらす

そのまま腕の内側から外側へ、筋肉をはがすイメージで、2秒ほどかけてゆっくりもむ

3 も む ［両母指揉捏］

2 ライン × **3~5** 回

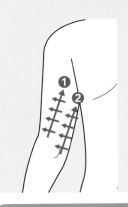

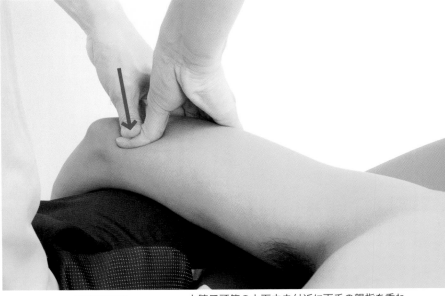

上腕三頭筋の上下中央付近に両手の親指を重ねて当てる

POINT
下のラインは持ち上げるイメージで

下のラインは、上腕三頭筋の下に指を入れて、筋肉を押し上げるようなイメージでもむ

筋肉をずらすように

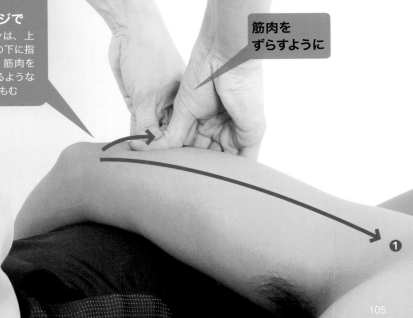

筋肉をずらすように
外側にもんでいく

上腕二頭筋

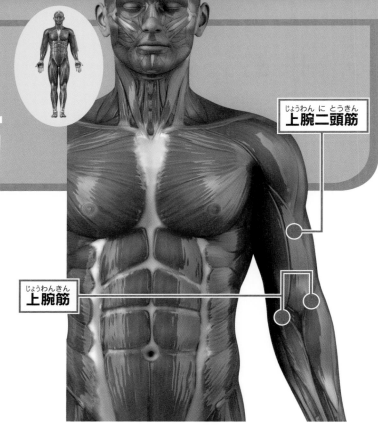

上腕二頭筋
じょうわん に とうきん

上腕筋
じょうわんきん

ひじを曲げる役割の筋肉
筋肉をはがすようにもむ

　上腕二頭筋は、上腕の表側にある筋肉で、上腕三頭筋と相反してひじを曲げる働きがある。やはり、野球のピッチャーやテニス選手など、ひじを酷使する人は傷めやすい。もんでいくラインは筋肉を横切るものと、左右から2方向にもんでいくものに大別される。この2つのパターンをおさえてほぐしていく。

マッサージのポジション❶

手根揉捏

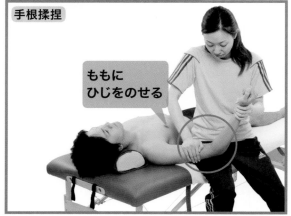

ももに
ひじをのせる

ベッドに浅く腰かけ、マッサージを受ける人のひじをももにのせてもむ

マッサージのポジション❷

母指揉捏

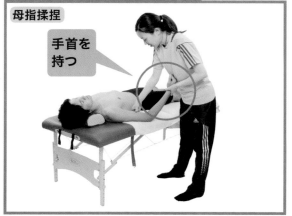

手首を
持つ

ベッドの横、ややななめを向いて立ち、マッサージを受ける人のひじを軽く曲げてもんでいく

1 もむ ［手根揉捏］

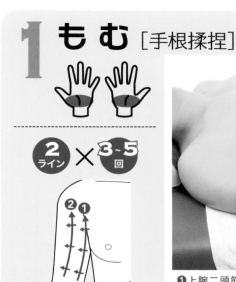

2 ライン × **3～5** 回

> **上腕二頭筋の下を押すイメージで**

> **筋肉をずらすイメージで**

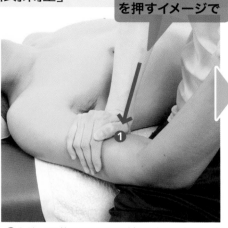

❶上腕二頭筋の下はじに手根を当てて押す。左右中央部分を押すと痛いので注意

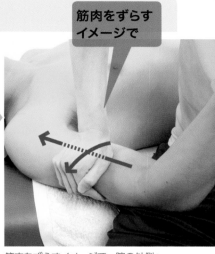

筋肉をずらすイメージで、腕の外側へともむ

2 もむ ［母指揉捏］

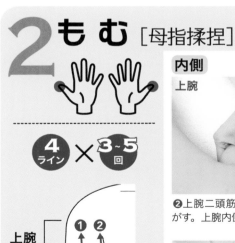

4 ライン × **3～5** 回

上腕

前腕

外側 内側

> **内側**
> **筋肉をずらすイメージで**

上腕

❷上腕二頭筋を外側から内側へずらす感覚ではがす。上腕内側のラインがこれ

前腕

❸上腕二頭筋は前腕にものびているので、中央付近からひじにむけてもんでいく

> **外側**
> **筋肉をずらすイメージで**

上腕

❶上腕二頭筋を、内側から外側へずらす感覚で

前腕

❹上腕二頭筋の前腕部も内側から外側へずらすようにもんでいく

手

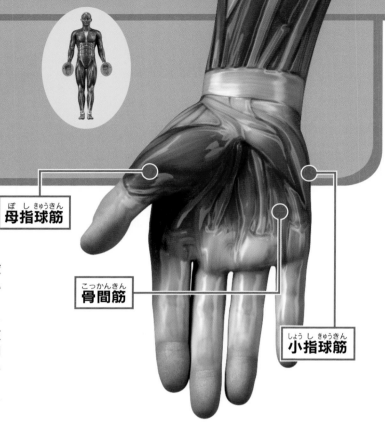

母指球筋（ぼしきゅうきん）

骨間筋（こっかんきん）

小指球筋（しょうしきゅうきん）

筋肉が細かくめぐっている
腱も意識して圧迫しよう

　ラケットを扱うスポーツや、小さなボールを握る野球の選手が疲労しやすい手。握ったり曲げたりする動作に用いられる筋肉が細かく張りめぐらされている上、骨や腱もあるので、指をななめに使ったり左右に押したり（手技2）と、同じ手技でもほぐす場所によって手の使い方を変える必要がある。とはいえ手技自体はシンプルなので、しっかりマスターしておこう。

マッサージのポジション ❶

ベッドに腰かける

背筋をのばして立つ

マッサージを受ける人はベッドに腰かけ、その横に立ってもんでいく

マッサージのポジション ❷

反対の手で固定する

わきの下が締まり、ひじが90°くらいになる位置まで近づく。マッサージを受ける人の手が痛さで逃げないように、反対の手で固定する

1 押 す [二指圧迫]

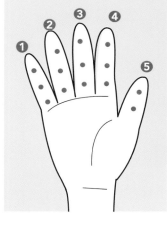

人差し指を
そえる

マッサージする手の第一関節から指一本ほど下の
部分に、人差し指を横にして当てる

親指で
はさむ

人差し指を当てた部分の反対側に親
指を当てる

POINT
指の腱はどこにある？

指の腱は第一関節の中央部
を走っている。強めに押して、
痛みを感じれば腱を押せて
いると判断していい

人差し指で
腱を押す

親指は添える程度で、人差し指
でもむ。指の筋肉と腱を圧迫す
る。各関節の上、計3カ所ずつ（親
指は2カ所）押す

107

2 押す [母指圧迫]

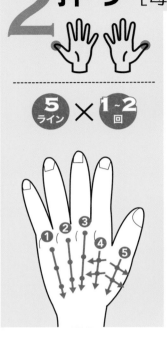

⑤ライン × 1~2回

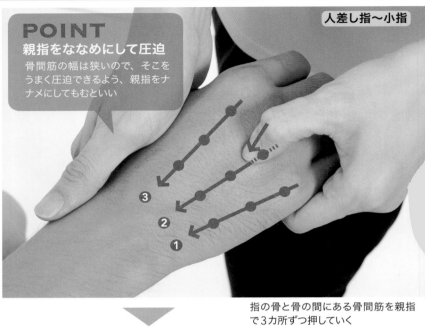

人差し指～小指

POINT
親指をななめにして圧迫
骨間筋の幅は狭いので、そこを
うまく圧迫できるよう、親指をナ
ナメにしてもむといい

指の骨と骨の間にある骨間筋を親指
で3カ所ずつ押していく

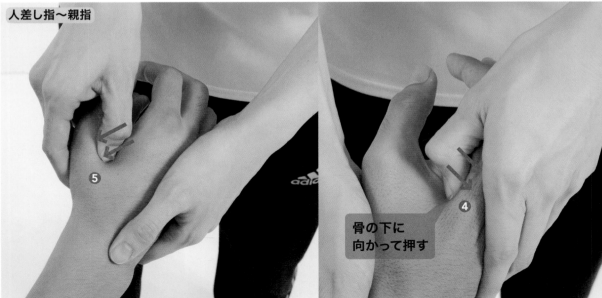

人差し指～親指

骨の下に
向かって押す

人差し指と親指の間の骨間筋は、4カ所を押していく。どちらも、骨の下に潜り込むよう、横に押す

3 押 す [母指圧迫]

2 ライン × **1~2** 回

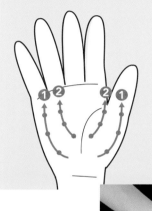

小指を絡めて 手のひらを固定

マッサージをするときは、小指と薬指の間を絡ませて固定する。圧迫する親指にも力を込めやすい

親指で手のひらの筋肉を圧迫する。
❶手のひらの外縁部の1ライン、
❷その少し内側の1ライン、肉厚な部分を押していこう

VARIATION

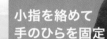

押す場所は ココ

疲労感が強いときは、手のひらの中央部も強く圧迫する。押す位置は、中指と薬指を曲げたときの間の部分を目安にしよう

胸

大胸筋
だいきょうきん

ほかの部位ではあまり使わない四指圧迫や四指揉捏を用いる

　主に腕とつながり、手を動かすスポーツを長時間行うと疲労がたまりやすい部位。鎖骨や肋骨などを意識してほぐしていく。ほかの部位のマッサージではあまり使わない四指圧迫（手技2）や四指揉捏（手技3）などの手技を用いるのが特徴的。肋骨と肋骨の間に指が入るので、こうした手技が活躍する。円背（猫背）の人は胸の筋肉が縮んでいるので、ここをほぐすと胸が張りやすくなる。

マッサージのポジション ❶

写真左、立てひざの姿は、手根揉捏、四指圧迫、四指揉捏のポジション。写真右の立った姿勢は母指圧迫のポジションだ

ストレッチテスト

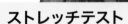

ここをチェック!

野球のボールを投げるときぐらいの高さで壁に手をつき、その逆側の腰を外側にひねる。壁についた側の胸が張っているなら、重点的にほぐす。

1 **も む** ［手根揉捻］

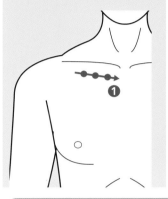

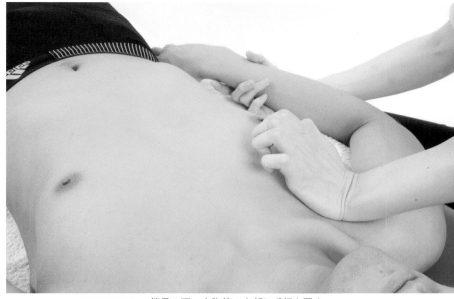

鎖骨の下、大胸筋の上部に手根を置く

POINT
体重をかけてマッサージ

ひじをのばして、体重をかけてマッサージ。決して腕の力でもまないように！

1カ所につき 3〜4回行う

身体の下部へともんでいく。ラインは鎖骨と平行ぎみ、ややななめに動く。胸は圧を加えすぎるとマッサージを受ける人が苦しくなりやすいので、もむ力は加減が必要

2 押 す [四指圧迫]

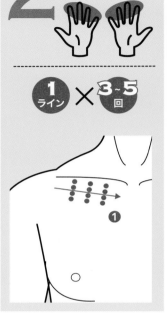

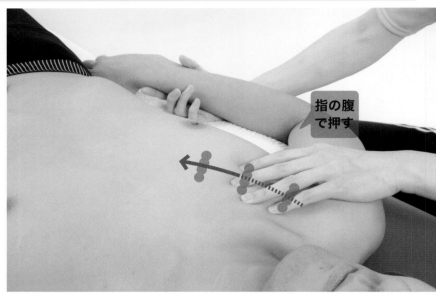

指の腹
で押す

肋骨と肋骨の間に4本の指を当てて圧迫。手は開きすぎないように。腕の付け根から胸の中央へと徐々に押す地点を変える

3 も む [四指揉捏]

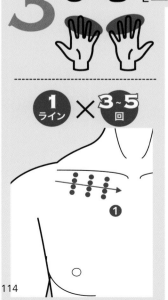

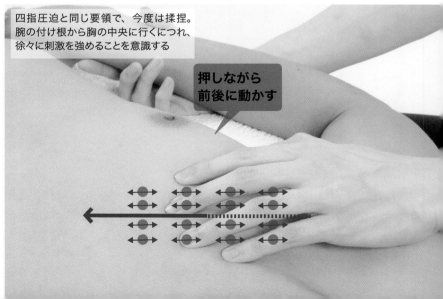

四指圧迫と同じ要領で、今度は揉捏。
腕の付け根から胸の中央に行くにつれ、
徐々に刺激を強めることを意識する

押しながら
前後に動かす

4 押 す［母指圧迫］

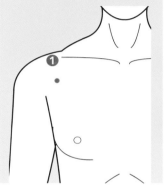

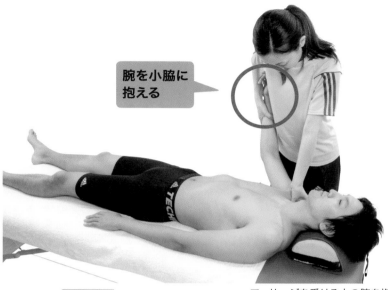

腕を小脇に
抱える

マッサージを受ける人の腕を抱え、
親指で体重をかけて押していく

POINT
爪を立てないで押す

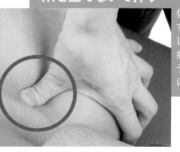

体重をかけようと
すると爪をたてて
しまいがちだが、
痛みを感じてしま
うので、指の腹だ
けで体重をかける

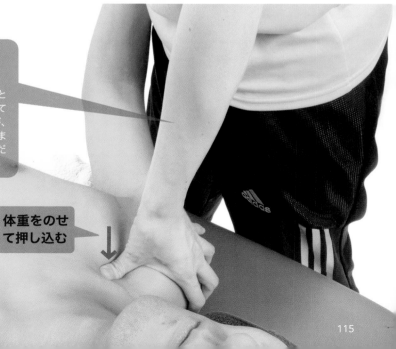

体重をのせ
て押し込む

腕を抱えると、鎖骨の脇にくぼみがで
きるので、そこを押していく。万一痛
みを感じたら、会話しながら位置を
調整する

115

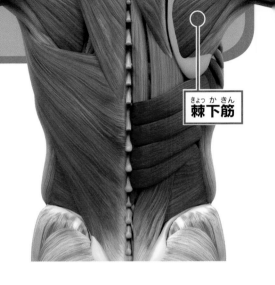

肩関節

棘上筋（きょくじょうきん）

三角筋（さんかくきん）

棘下筋（きょっかきん）

日常生活でも疲労しやすい部位 三角筋と肩甲骨周りをほぐす

肩の関節には、肩や腕を動かすための筋肉が集積している。野球やテニスなど、上半身を使うスポーツで特に傷めやすいが、長時間のデスクワークなど、日常生活でも疲れがたまったり、硬くなりやすい。肩をおおう三角筋と、肩甲骨まわりの小円筋・大円筋の走行部や棘下筋を入念にもみほぐそう。

マッサージのポジション

腕を足にかける

体重で押す

写真左、ベッドに腰かけた姿勢は、手掌把握、四指揉捏の際のポジション。写真右の立てひざの姿が、手根揉捏、母指揉捏のポジション

ストレッチテスト

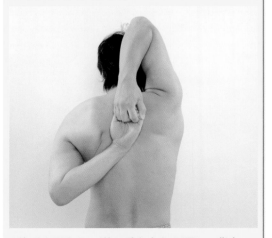

片手を下から、逆の手を上から回し、背中で手を組む。指と指が触れれば問題ないが、届かない手があれば重点的にほぐしていこう。

1 も む ［手掌把握］

1ライン × **3**回

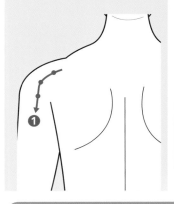

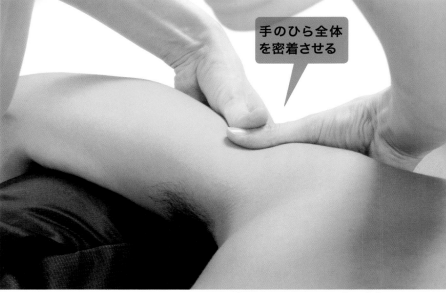

手のひら全体を密着させる

両手の手のひらで三角筋をつかんでいく。親指を交差させるようにして、残りの四指は前側に密着させる

筋肉を前後からつかむ

POINT
手のひらでつかむ

4本の指を軽くそろえて肩に当て、親指の付け根と4本の指の第二関節でつかむ

親指の付け根と残りの4本の指の第二関節付近で、筋肉をしっかりとつかむ。肩から上腕の方向に向かって3カ所もむ

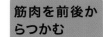

2 もむ [四指揉捏]

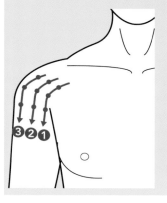

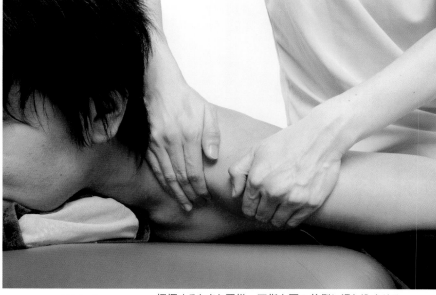

把握するときと同様、四指を肩の前側に滑り込ませる。親指も前側に置くが、あくまで添えるだけ

VARIATION

三角筋の後側もはがす

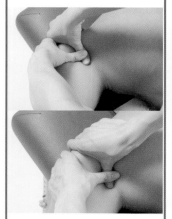

前から後ろ以外にも、後ろから前にほぐすとより効果的。手掌把握の要領で筋肉をつかみ、前側に倒してはがしていく

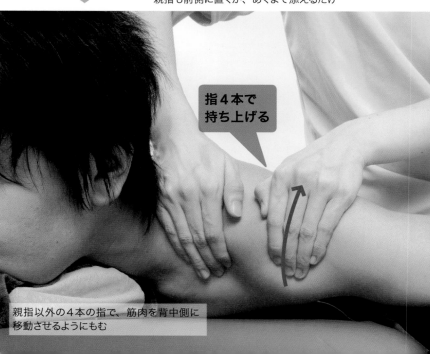

指4本で持ち上げる

親指以外の4本の指で、筋肉を背中側に移動させるようにもむ

3 もむ ［手根揉捏］

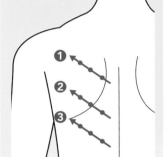

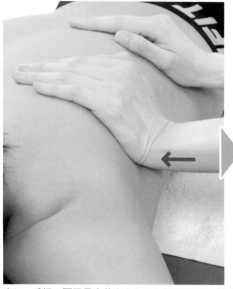

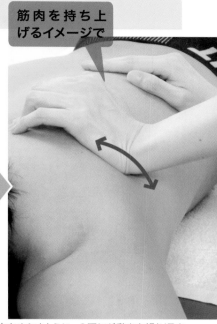

筋肉を持ち上げるイメージで

次に、手根で肩甲骨全体をまんべんなくほぐす。筋肉をゆらすように、3回ほど動きを繰り返す。これを3ライン行う

4 もむ ［母指揉捏］

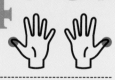

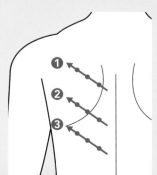

肩甲骨の下にある棘下筋を、両母指ではがすように押し上げる。これを3ライン行う

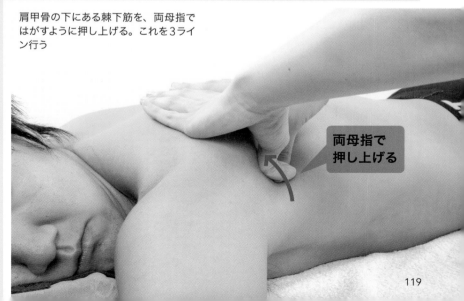

両母指で押し上げる

119

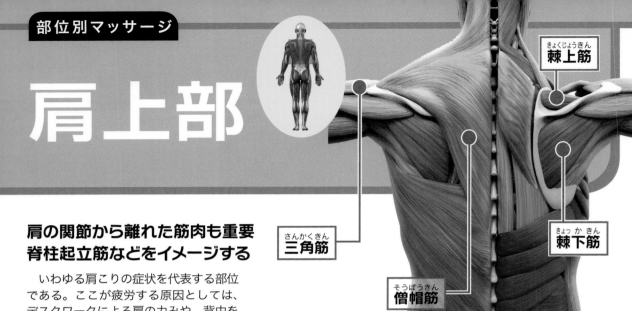

肩上部

棘上筋（きょくじょうきん）

三角筋（さんかくきん）

僧帽筋（そうぼうきん）

棘下筋（きょっかきん）

肩の関節から離れた筋肉も重要
脊柱起立筋などをイメージする

　いわゆる肩こりの症状を代表する部位である。ここが疲労する原因としては、デスクワークによる肩の力みや、背中を丸めて座る姿勢から発生する背中の負担である。この部位だけでなく、頭・首・腕と併せてマッサージをすると、より一層高い効果が期待できる。

マッサージのポジション ❶

腕をベッドの外に垂らす

頭側に立ち、やや前傾してマッサージを行う。胸の下に重ねたタオルまたはクッションを入れる

マッサージのポジション ❷

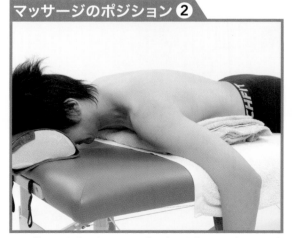

頭は枕で、上体はタオルで、少し高さを作って固定する。真下を向いても呼吸できるようにする

1 さする ［手掌軽擦］

1 ライン × **3** 回

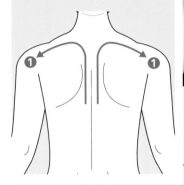

POINT
両手はやや内向きにしてさする

両手をやや内向きにしてさすると、余分な力が入らず、それでいてしっかり皮膚に密着してさすることが可能

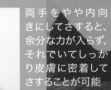

背骨の左右に両手をそえる

肩甲骨の下付近、背骨の左右に両手をそろえて当てる

手のひらを密着させたままさすっていく

肩甲骨の上付近で、僧帽筋にそって手を左右に広げる。手のひらは皮膚に密着させたまま

肩の先までを一連の動作で行う

最終的に肩の先までさする。ここまでを、一連の動作でスムーズに行う

121

2 もむ ［両母指揉捏］

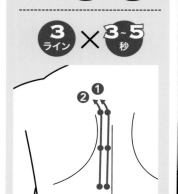

3ライン × **3~5**秒

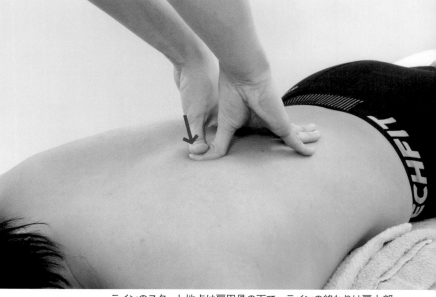

ラインのスタート地点は肩甲骨の下で、ラインの終わりは肩上部

POINT

脊柱起立筋を意識する

背骨の両側に位置する脊柱起立筋。そのふくらみのはじをもむようにすれば○K

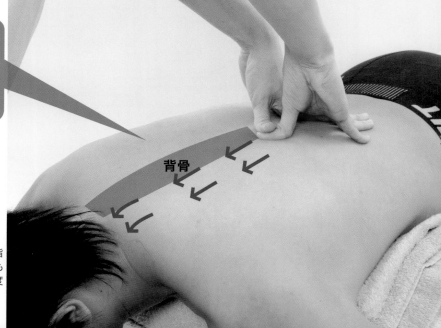

背骨

肩甲骨と背骨のキワに両手の親指を当て、筋肉を押し上げるようにもむ。痛さで首に力が入らない程度の強さを心がけよう

3 もむ [母指揉捏]

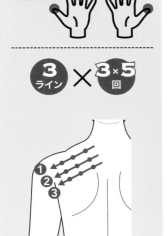

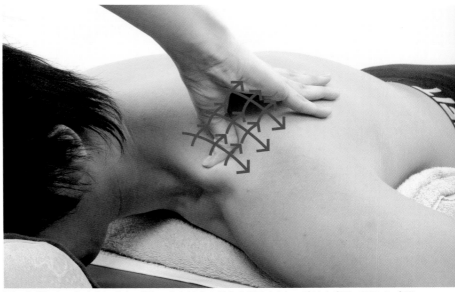

肩の上部にある筋肉をほぐす。押してから筋肉を持ち上げるように。高さを変えて3ライン行う

4 さする [手掌軽擦]

「1」とまったく同様に手掌軽擦

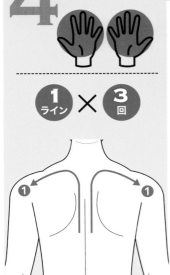

123

マッサージを行う範囲について

　マッサージをするとき、「どこからどこまで」ほぐせばいいかわからない、と思ったことはないだろうか。本書では、進行方法を示す矢印や解説の写真などで丁寧に説明しているが、それでも迷うこともあるはず。

　そこで覚えておきたいのが、マッサージは「筋肉や腱をほぐす」ということ。多くの筋肉は関節と関節をつなぐので、各部位の上の関節から下の関節までほぐせばいい。たとえばふくらはぎなら、腓腹筋がはじまるアキレス腱の上からひざ裏までといった具合だ。

　この「筋肉へのアプローチ」という面では、筋肉の場所と走向を意識することが大事。背中の軽擦は、背中全体をまんべんなく行ってもいいと思うかもしれないが、「僧帽筋に沿って曲線を描くように」さすることが大切。本書では各部位の筋肉図を掲載しているので、ぜひ参考にしてほしい。これを覚えておくだけで、やみくもにマッサージした結果、効果が薄いなんてことは防げるはずだ。

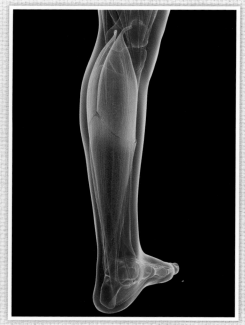

「ふくらはぎ」と聞くと「ひざ裏までやっていいの?」と思うかもしれないが、腓腹筋はひざ裏までのびている。端から端までしっかりほぐす

ふくらはぎの腓腹筋は、アキレス腱からひざ裏にかけてつながっている。ふくらはぎをマッサージするときは、この形と範囲を意識して、筋肉全体をほぐす

PART 4

ひとりでできる！
セルフ
マッサージ

いつでも一人でできるセルフマッサージ。試合や練習前後のコンディショニングに最適だ。体を動かす前の10分程度で、簡単に調子を整えられる。身近な道具を使って、手の届かないところをほぐしたり、最大限の効果を引き出そう。

CONTENTS

セルフマッサージの役割と準備

セルフマッサージの３つのメリット

1　ひとりでできる！

トレーナーがいなくても、いつでも好きなときにできるのが最大のメリット。背中など自分の手では届かない部位も、道具を使えばOKだ

2　不調のサインを見逃さない！

日頃から筋肉の状態を意識するので、自分の体の調子を把握、管理できる。これはコンディショニングにとって非常に大切なことと言える

3　簡単に覚えられる！

セルフマッサージは自分で行うので、複雑な動きを伴うものはなく簡単なものばかり。本書を見て数回試せば、すぐに覚えられるはずだ

効果的なマッサージをいつでもどこでも！

スポーツマッサージは、基本的に「誰かにしてもらうもの」。チームにトレーナーがいるプロでもない限り、日常的に取り入れるのは難しいというのが、多くの人の本音だろう。そこで便利なのが、ひとりでできるセルフマッサージ。練習前や練習後など、いつでもできる。その第一歩として、左右の足や腕、胸などの筋肉をさする習慣をつける

ことをおすすめしたい。気になる部分を自分でさするだけで構わない。自分で筋肉をさわる習慣をつけると、左右の足の筋肉の張り具合や、疲労している日としていない日の違いなどがわかるようになる。体の調子を把握したり、管理ができるようになるというわけだ。

効率的にマッサージするために道具を取り入れよう

いつでもできるのがセルフマッサージのメリットだが、ひとりでできることには限りがある。手の届かないところもあるし、力の入れづらいところもある。人にしてもらう場合は体重をかけて押してもらえるが、自分の手でマッサージするときは、指や手の力に頼らざるをえない。

そこで本書がおすすめするのが、以下に紹介するような道具を使ったセルフマッサージ。自分の手で押したりもんだりするのではなく、ストレッチポールやボールに体重をかけるだけで、自分の体重を利用したマッサージが可能になる。ここで紹介するものの多くは手軽に手に入るか、ジムなどに置いてあるものばかり。「気持ちのいい痛み」で、手軽にマッサージできる。

本書で扱うマッサージアイテム

❶ ストレッチポール

ももや背中のマッサージ・ストレッチに使われる。正規品は1万円弱で購入できるが、ジムなどでは置いてあるところも多い

❷ 鉄の棒

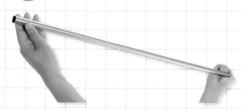

細長い円柱型の棒。本書では鉄の棒を使っているが、形状が同様で硬ささえあれば、プラスチックや木の棒でも構わない

❸ テニスボール

スポーツ用品店などで市販されている普通のテニスボール。足裏で踏んで体重をかけるだけで、圧迫・揉捻のような効果を得ることができる

❹ テニスボール（2個連結）

2個のテニスボールを、形がゆがむぐらい強く押し当てて、ラップで強く巻いたもの。背中や胸椎の刺激に活躍してくれるアイテムだ

❺ ソフトボール（1号球）

スポーツ用品店などで市販されている、普通のソフトボール（本書では1号球を使用）。高価な革製のものでなく、ゴム製の、リーズナブルなものでOK

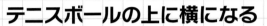

セルフマッサージ ❶

背骨周辺をほぐして
背中〜腰の疲れをとる

1 テニスボールの上に横になる

背骨を挟むようにボールを置いて寝る。ボールの位置を
上から下へと少しずつずらしていき、一番痛むポイントを
探す。そこが上体の回旋動作の妨げになっていることが
多いので、そこを重点的にほぐす。

ひざは90°
にして立てる

手を後頭部に
持っていく

ボールを背中の
下に持っていく

POINT
ボールとボールの間に
背骨がくるように

ボールとボールの間に背骨が来
るように置く。こうすることで背
骨の両側にある脊柱起立筋が効
率よくマッサージできる

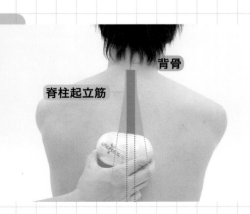

背骨

脊柱起立筋

テニスボールで
脊柱起立筋を圧迫する

ラップできつく巻いた2個のテニスボールを背中の下に置き、頭を上げ下げすることで脊柱起立筋を圧迫する。背中～腰椎のあたりまで、幅広く筋肉をほぐすことができる。

テニスボール
（2個連結）

2 頭を持ち上げる

後頭部に両手を置いたら、頭をゆっくり上げ下げする。この動きを3回ほど繰り返す。ボールの位置を変えて、何回か繰り返してもいい。

POINT
刺激が出るところで止めて
脊柱起立筋を圧迫する

頭を上げた地点、刺激が強く出る高さで円を描くように動き、脊柱起立筋を圧迫しよう

VARIATION

腕を回すと
より大きな刺激が
与えられる

より強くほぐしたいなら、左右のひじをのばし、3回ずつ上げ下げする方法もある。効果はより大きくなるが、痛みも大きいので無理は禁物

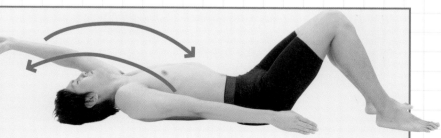

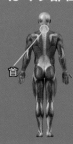
セルフマッサージ②

首周りの筋肉をほぐして肩こりを解消する

1 鉄の棒を首に当てこするように上下に動かす

首の後ろで、棒を両手で持ち、首の真裏と左右をほぐしていく。真裏は頭蓋骨の付け根付近を、左右は僧帽筋のあたりをまんべんなくほぐしていく。

ココをほぐす!

頭の付け根

頭蓋骨の
付け根付近で
動かす

棒を首に当ててから
上下に動かす

❌**NG**

背骨

骨には当てないよう注意

棒を下に動かしすぎると背骨に当たってしまう。痛みを感じるうえ、筋肉もないのでマッサージとならないので注意

鉄の棒を使って
筋肉をもんでいく

丸い棒で首周りをこすり、圧迫・揉捏のような効果が期待できる。主に、肩こりを解消するためのマッサージだ。鉄の棒は、木製の丸材や硬いプラスチック製のパイプでもよい。

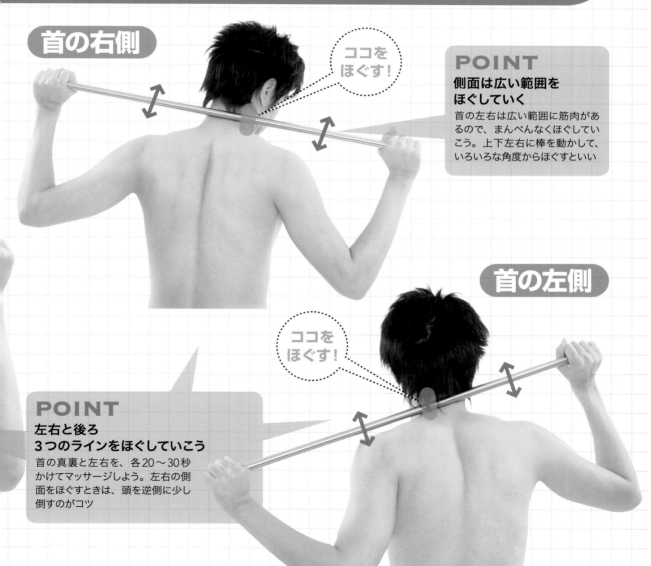

首の右側

ココを
ほぐす！

POINT
**側面は広い範囲を
ほぐしていく**

首の左右は広い範囲に筋肉があるので、まんべんなくほぐしていこう。上下左右に棒を動かして、いろいろな角度からほぐすといい

首の左側

ココを
ほぐす！

POINT
**左右と後ろ
3つのラインをほぐしていこう**

首の真裏と左右を、各20〜30秒かけてマッサージしよう。左右の側面をほぐすときは、頭を逆側に少し倒すのがコツ

131

セルフマッサージ ③

股関節〜ももをほぐし脚の疲れをとる

ストレッチポールの硬さがほどよい圧迫感を生む

ほどよい硬さのストレッチポールに自重をかけることで、ちょうどいい強さで筋肉が圧迫され、脚の疲れをとることができる。ターゲットは、股関節横〜もも外側の筋肉。

使用するアイテム

ストレッチポール

1 股関節側面をストレッチポールに乗せる

右脚の股関節側面、腰骨の下辺りをストレッチポールにのせたら、両手を開いて床につき、左脚のひざを曲げる。

2 左足で地面を蹴ってももの外側もほぐす

左脚で地面を蹴り（左ひざを曲げのばしする）、体を反対側へ移動させる。ストレッチポールが右脚に当たりながら転がることで、腰骨の下からもも側面までがほぐされる。同様に、左脚もほぐしていく。

ひざを曲げる

両手をつく

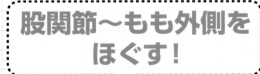

股関節〜もも外側をほぐす！

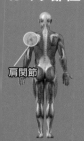

肩関節

インナーマッスルを圧迫し可動域を広げる

小さなボールがピンポイントで刺激

テニスボールで筋肉を圧迫し、肩の腱板をほぐすマッサージ。肩関節の内旋・外旋をスムーズにしたり、肩の可動域を広げるなど、肩周りの動きを改善する効果が期待できる。

使用するアイテム

テニスボール
（2個連結）

1 肩甲骨の下にボールを置いて横になる

肩の下部、肩甲骨の下にボールを置いて横になる。このとき、かなり強い痛みを感じる人は、その体勢でいるだけでも効果がある。痛みに余裕のある人は、肩とひじを90°に曲げる。

2 前腕を反対側に回転させる

ひじを固定し、前腕を反対側に回転、戻すという動作で肩関節を圧迫する。左右それぞれ10回ずつ行う。強い痛みを感じる場合は、無理しない。

肩関節を
圧迫する！

肩とひじを
90°に曲げる

ふくらはぎ

セルフマッサージ ⑤

ふくらはぎ全体を まんべんなくほぐす

丸い棒を上下左右に動かし ふくらはぎ全体をじっくりと

丸い棒でふくらはぎ全体をこすっていく。自分の手でもむよりも力が入れやすく、疲労もないため、その効果は絶大だ。足の疲労やむくみを解消する効果が期待できる。

使用するアイテム

鉄の棒※

※木製の丸材など でも代用可

1 鉄の棒を転がすように 前後に動かす

ふくらはぎの中央と左右のラインを、下から上へともみほぐす。まず中央のラインをほぐした後、棒の角度を変えて側面までまんべんなくもんでいく。片方の脚につき30秒ほどかけ、じっくり行う。

ふくらはぎを ほぐす！

POINT
角度を変えて まんべんなくほぐそう

ふくらはぎの側面をもむときは、棒の角度をいろいろと変えて、全体をほぐすよう意識しよう。マッサージの原則通り、下から上へともんでいく

| 左側面 | 中央 | 右側面 |

ふくらはぎ

ふくらはぎの張りをほぐす

小さなボールでピンポイントを刺激

ソフトボールを使ってふくらはぎをほぐしていく。点で圧迫する分、左ページよりも強い刺激で、疲労部位をピンポイントにほぐすことができる。

使用するアイテム

ソフトボール
（1号球）

ひざを立てる

ふくらはぎの上下、
左右中央に配置

1 ソフトボールをふくらはぎの下に置く

後ろ手に床に座ったら、左脚のひざを立てて、右脚のふくらはぎの下にソフトボールを置く。ソフトボールの位置はふくらはぎの左右中央になるように。

2 前後に転がしてボールとの接点を移動させる

床についた手で、体を前後に動かそう。ボールがふくらはぎ全体を圧迫しながらほぐしていく。アキレス腱の上からひざ裏にかけ、左右5〜6往復程度を基本として、疲労があるなら重点的に行う。

ふくらはぎを
ピンポインでほぐす！

おしりを浮かして
体を動かす

足裏

土踏まずをほぐして 疲労を抜く

足裏をほぐすには テニスボールがベストサイズ

単純にテニスボールを踏んで転がすだけの動作だが、足の裏の筋肉を効果的にほぐせる。気軽に試せるうえ、外反母趾の予防などにも効果があるので、ぜひやっておきたい。

使用するアイテム

テニスボール（1個）

1 土踏まずで テニスボールを踏む

まずは土踏まずでボールを踏む。これだけで、十分効果が期待できる。加える圧は、痛みを感じるほどでなく、気持ちいいぐらいで○K。

POINT

ボールを転がしながら土踏まずをほぐしていく

円を描くようにボールを回転させながら土踏まずをほぐす。土踏まずがさまざまな角度からほぐれていく

VARIATION

足先やかかとで踏めば広い範囲をほぐせる

足先やかかとでボールを踏めば、当然足の裏のほかの筋肉もほぐせる。歩き疲れた日などは、広範囲に筋肉をほぐしていこう

足先＆かかとに！

PART 5

疲労回復!
スポーツ別マッサージ

本章では、体にかかる負荷などの種目特性を考慮して、スポーツ別にマッサージメニューを紹介する。効果的に疲労を軽減するほか、障害予防にも効果がある。ぜひ、マッサージプログラムを組む際の参考にしよう。

CONTENTS

サッカー・フットサル

Chayatorn Laorattanavech / Shutterstock.com

下半身のケアが必須
キーパーは腕や肩もほぐそう

　サッカーやフットサルは、長時間のランニングとダッシュ・ターンなどを繰り返すため、多くの場面でスピードとパワーをフルに発揮する。下半身の強い筋力が必要で、持久力と瞬発力がともに求められる。そのため下半身全体に疲労がたまりやすく、特にももの裏と前、お尻、ふくらはぎの筋肉が張りやすい。またゴールキーパーは下半身だけでなく、スローイングやセービングを行うので、腕や肩、背中の筋肉もよく使う。ポジションによる疲労部位の違いにも気をつけながら、マッサージを行う。

注意したいケガと症状

- 鼠径部痛症候群（グロインペイン）
- 足首の捻挫
- ハムストリングスの肉離れ
- 膝の内側側副靭帯の損傷
- 太ももの打撲
- 第五中足骨疲労骨折

マッサージする部位

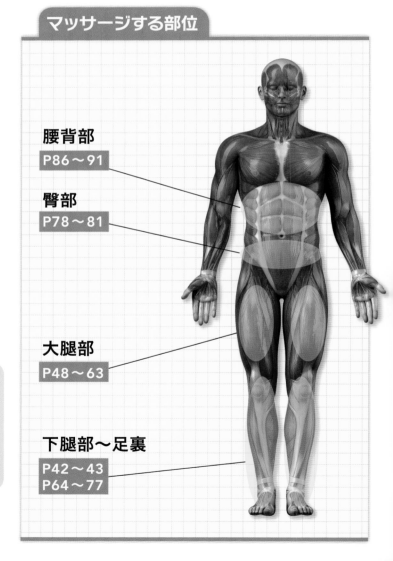

腰背部
P86〜91

臀部
P78〜81

大腿部
P48〜63

下腿部〜足裏
P42〜43
P64〜77

野球・ソフトボール

Aspen Photo / Shutterstock.com

腕や肩以外にも
腰や股関節のケアも必須

　野球やソフトボールにおける特徴的な動きは、「投げる」「打つ」。どちらも前腕～上肢、肩、背部にまで至る広い筋肉に、大きな負担がかかる。特にピッチャーの肩とひじは大切な部位。入念にマッサージを行い、きちんと疲労回復するようにしよう。また、「投げる」も「打つ」も、身体のひねりを利用して行う。そのため全身を連動させる動きが必要となり、その要となる腰や股関節周りの筋肉には大きな負担がかかる。上半身だけでなく、下半身も忘れずにマッサージしよう。

注意したいケガと症状

- 野球肩
- 野球ひじ
- 手首の腱鞘炎
- 腰痛

マッサージする部位

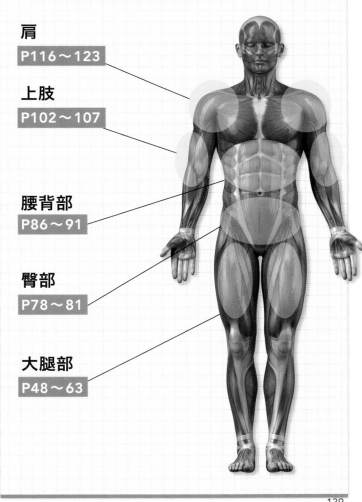

肩
P116～123

上肢
P102～107

腰背部
P86～91

臀部
P78～81

大腿部
P48～63

陸上（短距離）

Herbert Kratky / Shutterstock.com

もも裏の筋肉を重点的にチェック

　短距離走は、爆発的なパワー、スピードを瞬時に発揮する必要がある競技。そのため下半身への負担は大きく、特にもも裏（ハムストリングス）やふくらはぎの肉離れが起きやすいのが特徴だ。肉離れは疲労の蓄積によって固くなった筋肉が、急激にのばされることで生じやすい。短距離走の選手は、日ごろからももの裏を中心とした下半身のマッサージを入念に行う。またスタート時や加速時、爆発させた力を一気に受け止める下腿部や足裏などにも負担がかかるため、炎症や痛みが発生しやすい。ストレッチと合わせて、毎日の練習後によくほぐす。

注意したいケガと症状

- ハムストリングスの肉離れ
- ふくらはぎの肉離れ

マッサージする部位

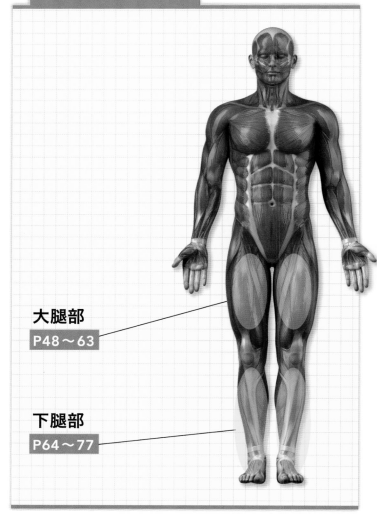

大腿部
P48〜63

下腿部
P64〜77

Maxisport / Shutterstock.com

陸上（長距離）

下半身だけでなく
肩周りもケアしよう

　長時間走り続ける長距離走は、下腿部や足裏、大腿部に物理的ダメージを受けやすい競技。長時間にわたる練習はストレスがかかりやすく、さまざまな症状が発生しやすい。代表的なのは、下腿部の筋肉疲労から骨膜に炎症が発生し、すねの辺りに鈍痛や違和感を感じるシンスプリント。それがさらに悪化した疲労骨折などの慢性障害などがある。また、意外なことに、腕を振って走るため、肩こりに悩まされる選手も多い。いずれも、筋肉疲労の蓄積から症状が出てくるため、ケガの予防のためには日ごろのマッサージ習慣が大切だ。

注意したいケガと症状

● シンスプリント
● 疲労骨折
● アキレス腱炎
● ランナー膝
● 足底腱膜炎
● 腰痛

マッサージする部位

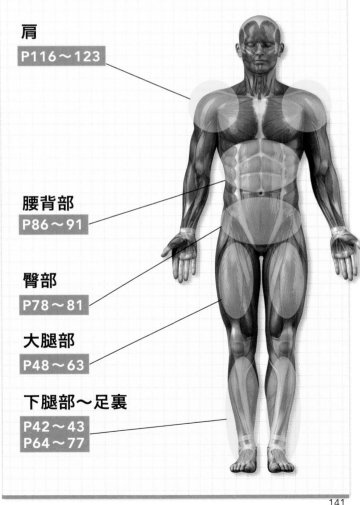

肩
P116〜123

腰背部
P86〜91

臀部
P78〜81

大腿部
P48〜63

下腿部〜足裏
P42〜43
P64〜77

水泳

肩のマッサージを基本に
種目によってメニューを組もう

　水泳は全身を使うスポーツだが、多くの種目に共通するのは肩周りのストレス。どの種目も練習では同じ動作を長時間繰り返すため、水泳肩と呼ばれる肩痛が生じることがある。また各種目の特徴を見ていくと、クロールや背泳ぎ、バタフライは肩以外に腰・背中にストレスがかかりやすい。平泳ぎでは足を開いたり閉じたりするため、太もも内側の筋肉（内転筋）、ひざ下内側に位置する三つの腱が集まる鵞足（P64）という部位に疲労がたまりがち。「平泳ぎひざ」という症状につながりやすい。「肩周り＋種目別の部位」という形で、日々のケアを行う。

注意したいケガと症状

- 水泳肩
- 肘痛
- 腰痛
- 平泳ぎ膝（鵞足炎）

マッサージする部位

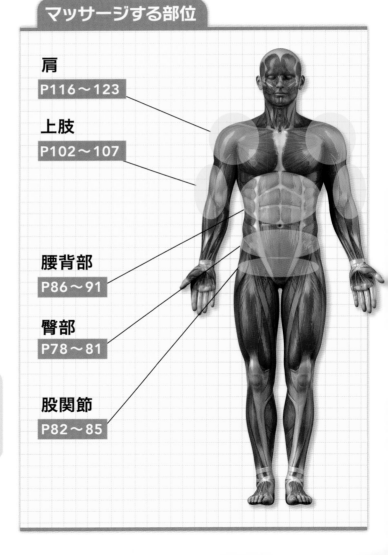

肩
P116〜123

上肢
P102〜107

腰背部
P86〜91

臀部
P78〜81

股関節
P82〜85

joyfull / Shutterstock.com

柔道・レスリング

関節周辺を中心に
日頃のケアが大切

　柔道・レスリングは押す、投げる、寝技など、ハードなコンタクトが必要とされる競技。技を掛ける際は相手の身体を持ち上げたり、逆に相手の力に対抗したりと、腰や下半身、上半身に大きな負担がかかる。マッサージは頚部〜腰背部、臀部、大腿部を中心に、全身をくまなく入念に行おう。また、肩関節の脱臼や足関節の捻挫、ひざの靭帯損傷など、身体に大きな力が瞬間的にかかることで発生する外傷も非常に多い。日ごろからしっかりとケアを行い、ケガをする確率を少しでも下げておく。

注意したいケガと症状

- 肩鎖関節脱臼
- 肩関節脱臼
- 肘関節脱臼
- 腰痛
- 膝の内側側副靭帯損傷
- 足首の捻挫
- 頚椎症

マッサージする部位

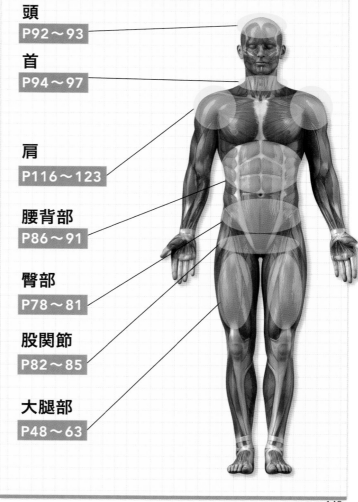

頭
P92〜93

首
P94〜97

肩
P116〜123

腰背部
P86〜91

臀部
P78〜81

股関節
P82〜85

大腿部
P48〜63

バスケットボール・ハンドボール

Pavel Shchegolev / Shutterstock.com

下半身を中心に
肩周りも一緒にほぐそう

　急激なストップやダッシュ、ターン、ジャンプなどの動作を行いながらプレーする競技。瞬発力やパワー、スピードが要求され、臀部やももの裏・前の筋肉に負担がかかる。ジャンプ動作が多く、ひざも傷めやすいのが特徴だ。ひざに疲労がたまると、お皿の下の靭帯（膝蓋靭帯）や半月板損傷などの障害が生じやすいため、腰部〜下半身（特にひざ周り）のマッサージを入念に行う必要がある。ボールを投げる際は上肢〜下肢を使うため、この部位のケアも忘れずに。急性外傷では足首の捻挫が圧倒的に多いので注意が必要だ。

注意したいケガと症状

- 足首の捻挫
- 膝の靭帯損傷
- 膝蓋靭帯炎
- シンスプリント
- 腰痛

マッサージする部位

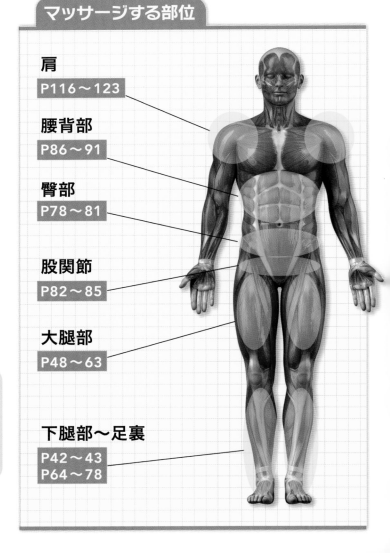

肩
P116〜123

腰背部
P86〜91

臀部
P78〜81

股関節
P82〜85

大腿部
P48〜63

下腿部〜足裏
P42〜43
P64〜78

テニス・卓球・バドミントン

CHEN WS / Shutterstock.com

肩・上腕・下半身を徹底的にマッサージ

卓球は細かな横ステップ動作の中でボールを打つ競技。テニスやバドミントンは急激なストップ、ターン、ステップを反復しながらボールを打つ競技。よっていずれも、下半身から上半身の連動が求められる。特に下半身への負担は大きく、疲労が蓄積することでふくらはぎの肉離れ（テニスレッグ）やアキレス腱炎などが生じやすい。そうした部位の筋肉に疲労が蓄積しないよう、日頃からケアしておこう。また、ラケットを使用する競技なので、肩〜下肢にも負担がかかる。入念なケアが必要だ。

注意したいケガと症状

- テニスひじ
- 腰痛
- ふくらはぎの肉離れ（テニスレッグ）
- シンスプリント
- 足首の捻挫
- アキレス腱の炎症

マッサージする部位

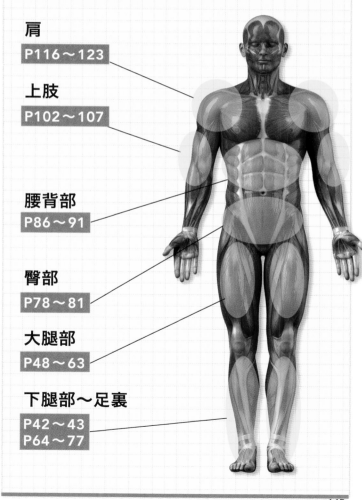

肩
P116〜123

上肢
P102〜107

腰背部
P86〜91

臀部
P78〜81

大腿部
P48〜63

下腿部〜足裏
P42〜43
P64〜77

「バレーボール」

muzsy / Shutterstock.com

腕と腰背部を中心に
肩や上肢もケアしよう

　サーブ・アタック・ブロック・ハンドパスなど、ボールに合わせたジャンプ動作や素早い動きが必要とされるため、下半身の筋肉に大きな負担がかかる。ジャンプ回数の多さからひざ関節には特に大きなストレスがかかり、またレシーブの際には低い前傾姿勢をとるため、腰にも疲労がたまりやすい。結果として、疲労性のひざの痛みや腰痛などが生じやすいのが特徴だ。日頃からマッサージを行い、疲労の除去に努めよう。また、サーブやスパイクなどで肩〜上肢も使うため、この部位のケアも忘れずに。

注意したいケガと症状

- 膝蓋靭帯炎
- 半月板損傷
- 腰痛
- 突き指
- 肩関節周囲炎
- 足首の捻挫

マッサージする部位

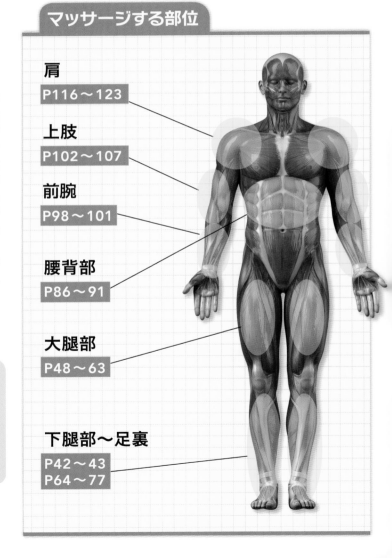

肩
P116〜123

上肢
P102〜107

前腕
P98〜101

腰背部
P86〜91

大腿部
P48〜63

下腿部〜足裏
P42〜43
P64〜77

ゴルフ

腕・肩周りと腰背部を確実にほぐす

　ゴルフは下半身で身体を安定させ、全身を使ってボールを打つスポーツ。体幹を同一方向に回転させるため、腰や背中の筋肉が疲労しやすい。また、ボールを打つ瞬間は前腕〜上腕、肩の力も必要とされるため、上半身にも負担がかかる。ゴルフはこうした動きを繰り返すことから疲労がたまりやすいほか、悪いフォームでスイングを繰り返していると、前腕に炎症を起こしやすい。いわゆるゴルフひじと呼ばれる障害だ。ほかにも手首や腰に障害が生じやすいので、上肢〜肩、腰背部をしっかりほぐしておく。

注意したいケガと症状

- ゴルフひじ
- 首の腱鞘炎
- 腰部痛
- 頸部痛

マッサージする部位

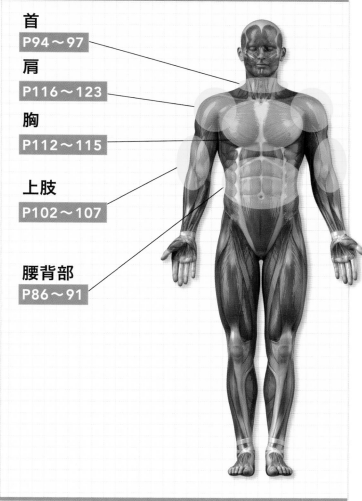

首
P94〜97

肩
P116〜123

胸
P112〜115

上肢
P102〜107

腰背部
P86〜91

スキー・スノーボード・スケート

下半身をよくほぐしつつ
腰背部も必ずケア

　スキーやスノーボード、スケートは、雪や氷の上でバランスをとりながら行う競技。結果にはスピードが求められるため、ハイスピードの中で身体をコントロールするパワーも必要だ。こうしたパフォーマンスを発揮するため、臀部、大腿部を中心とした下半身に負担がかかりがち。疲労をそのままにしておくと、関節・靱帯の損傷や足首の骨折などの一因となりかねないので、周辺の筋肉をよくほぐしておこう。また前傾姿勢で滑ることが多く、腰にも慢性的に圧がかかる。疲労が蓄積しすぎると腰痛が生じることもあるので、入念にマッサージを行う。

注意したいケガと症状

● 膝関節靭帯損傷
● 腰痛
● 下腿・足首の骨折

マッサージする部位

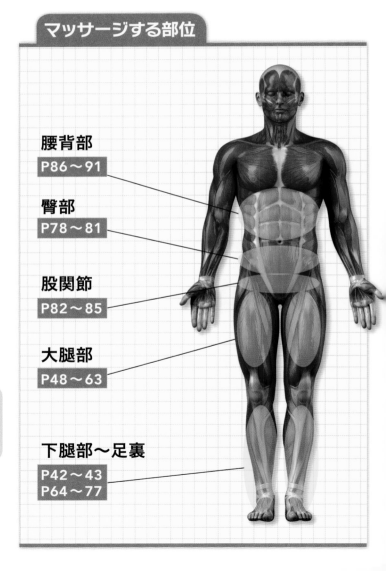

腰背部
P86〜91

臀部
P78〜81

股関節
P82〜85

大腿部
P48〜63

下腿部〜足裏
P42〜43
P64〜77

自転車

Radu Razvan / Shutterstock.com

下半身だけでなく
上半身のケアも大切

　自転車での競技・トレーニングは、長時間練習して長い距離を走るのが一般的。同じ姿勢で動き続けるため、ふとももに疲労がたまるだけでなく、腰痛や肩こりになることも多い。また筋肉疲労により動作にズレが生じると、特定の部位に負担がかかり、痛みが生じることも。ひざ下内側の鵞足炎、すねの内側の筋肉が痛むシンスプリントなどは代表的な症例だ。また激しい呼吸を伴うため、背中に張りが出てくることも。転倒による骨折も少なくない。下半身だけでなく、腰・背中や肩など全身のケアが大切だ。

注意したいケガと症状

- 鵞足炎
- 腰痛
- シンスプリント
- アキレス腱炎
- 肩こり
- 骨折

マッサージする部位

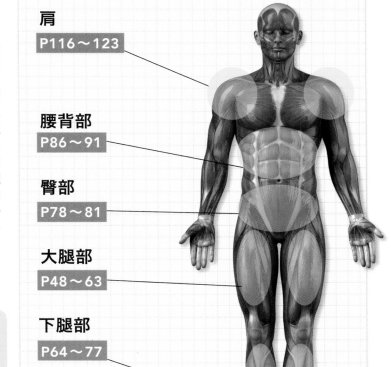

肩
P116～123

腰背部
P86～91

臀部
P78～81

大腿部
P48～63

下腿部
P64～77

足
P40～47

スポーツ
クライミング

疲労性のケガに備え
全身くまなくケアしよう

　登山の練習や競技としてのクライミングスキルの向上など、最近流行のスポーツ。指先や手で体重を受け止めること、また無理な姿勢での静止・動作を強いられることから、手〜上腕、肩はもちろん、腰や背中など、体幹の筋肉にも疲労がたまる。手首の腱鞘炎やわき腹の肉離れなど、疲労性のケガに注意が必要だ。またウォールから降りる際、着地に失敗して足首の捻挫や足の骨折、踵の打撲などのケガをすることも。無理な姿勢に対応するためにも、外傷を予防するためにも、全身の筋肉のケアが大切だ。

注意したいケガと症状

- 指のケガ
- 手首の腱鞘炎
- 踵の打撲
- 足首の捻挫
- 骨折
- 腹斜筋（わき腹）の肉離れ

マッサージする部位

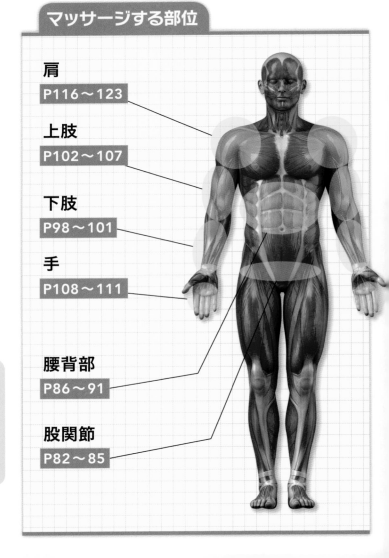

肩
P116〜123

上肢
P102〜107

下肢
P98〜101

手
P108〜111

腰背部
P86〜91

股関節
P82〜85

PART 6

不調改善
症状別
マッサージ

スポーツに取り組む人にとって、故障はつきもの。腰痛や肩こり、ひじ痛など、多くのスポーツに共通する障害も多い。そこで、より多くの人に発症しやすい障害について、症状を改善するマッサージプログラムを紹介する。

・本章の読み方

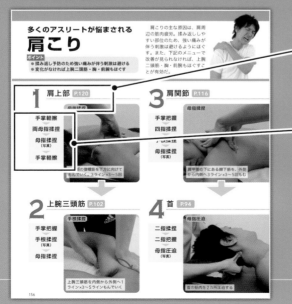

青い数字の順番に、各部位をマッサージしていく

部位ごとに、記されたページにあるマッサージメニューをすべて行う

種目に関わらず発症する
腰痛

ポイント
- 臀部が固い人は、入念にほぐす
- 腰部と臀部を交互に繰り返すと効果的

アスリートだけでなく、多くの日本人が悩まされる「腰痛」。腰や背中はもちろん、臀部が固い人は、臀部も入念にほぐす必要がある。特に、腰と臀部を交互にほぐすと効果的。腰だけをほぐしても、痛みを一時的にやわらげるだけなので注意。

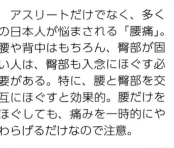

1 臀部
P.78

手掌軽擦
手根揉捏
両母指圧迫（写真）

両母指揉捏
手掌軽擦

母指圧迫

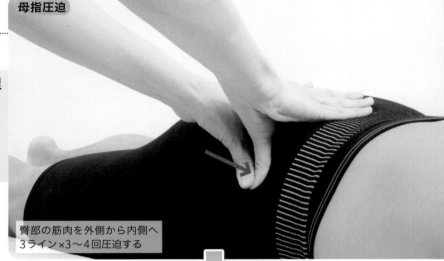

臀部の筋肉を外側から内側へ3ライン×3〜4回圧迫する

2 腰背部（両母指揉捏まで）
P.86

手掌軽擦
手根揉捏

両母指圧迫
両母指揉捏（写真）

両母指揉捏

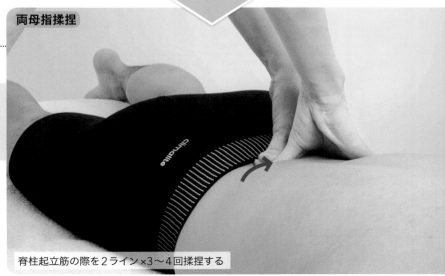

脊柱起立筋の際を2ライン×3〜4回揉捏する

前屈時に痛い場合

3 腰背部（切打法以降） P.86

切打法（写真）　▶　手掌軽擦

切打法

脊柱起立筋を7〜8秒切打法で刺激する

後屈時に痛い場合

3 股関節 P.82

両母指圧迫　▶　両母指揉捏（写真）　▶　母指圧迫

両母指揉捏

股関節の外側を下から上へ
2ライン×3〜5回もんでいく

! CHECK!

腰痛のタイプを知ろう！

　腰痛にはさまざまなタイプがあり、原因をはっきり特定するには医師の診断が必要だ。だが、簡易的なチェック方法として、前屈をしたときと後屈をしたとき、どっちで痛みを感じるかを確認することで、原因を探る方法がある。一度チェックしてみよう。ただし、この方法はあくまで簡易的なものなので、我慢できないほどの痛みならすぐに病院での受診が必要。

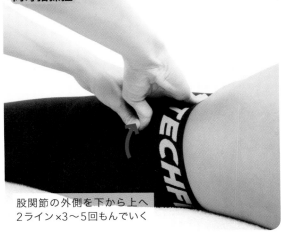

前屈時に痛い

前屈時に痛む腰痛は、骨盤や背中の筋肉の疲労やバランスが悪いタイプに多い。椎間板ヘルニアがこれ。長時間のデスクワークをする人や、車の運転手などに出やすい症状だ

後屈時に痛い

後屈時に痛む場合は、股関節やもも前の筋肉が過度に緊張していて、関節の動きを妨げている場合が多い。そのため腰・背中以外にも、股関節など、周囲の筋肉も一緒にほぐす必要がある

野球・テニス・ゴルフプレイヤーによく見られる

ひじ痛

野球やテニス、ゴルフ選手が傷めやすい。ひじはものをつかむ、投げる、持ち上げる動作の中心で、筋肉が疲労すると痛みが出る。痛む場所によりほぐし方が異なるので、自分のタイプをチェックしよう。

ポイント
- ひじの外側が触るだけで痛い時は、周りをほぐす
- ひじの内側が痛むなら上腕二頭筋もほぐす

---

1 手
P.108

二指圧迫
↓
母指圧迫（写真 左右）

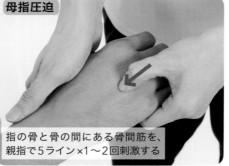

母指圧迫

指の骨と骨の間にある骨間筋を、親指で5ライン×1〜2回刺激する

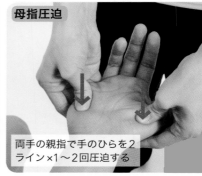

母指圧迫

両手の親指で手のひらを2ライン×1〜2回圧迫する

---

2 前腕
P.98

手掌軽擦 ／ 二指揉捏（写真右）
↓
手掌把握（写真左） ／ 母指揉捏

手掌把握

前腕の上下、外側の3ラインを2〜3回もんでいく

二指揉捏

人差し指と中指を重ね、前腕の内側から外側へもんでいく。2ライン×3〜5回

---

3 上腕二頭筋
P.106

手根揉捏（写真左）
↓
母指揉捏（写真右）

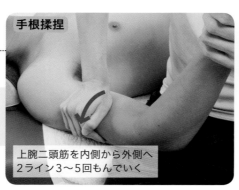

手根揉捏

上腕二頭筋を内側から外側へ2ライン3〜5回もんでいく

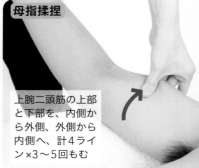

母指揉捏

上腕二頭筋の上部と下部を、内側から外側、外側から内側へ、計4ライン×3〜5回もむ

ひじの外側が痛い場合

4 上腕三頭筋 P.102

手掌把握 ▶ 手根揉捏 ▶ 両母指揉捏（写真）

両母指揉捏

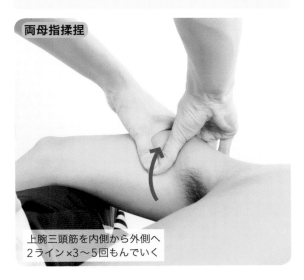

上腕三頭筋を内側から外側へ
2ライン×3〜5回もんでいく

ひじの内側が痛い場合

4 胸 P.112

手根揉捏（写真）▶ 四指圧迫 ▶ 四指揉捏 ▶ 母指圧迫

手根揉捏

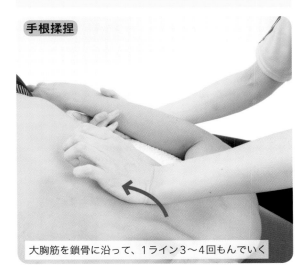

大胸筋を鎖骨に沿って、1ライン3〜4回もんでいく

❗ CHECK!

内側と外側どちらが痛い？

　ひじは手首を曲げる筋肉を使いすぎると内側に、手首を反らす筋肉を使いすぎると外側に痛みが生じる。俗にいう「テニスひじ」「ゴルフひじ」とは、内側が痛いのか、外側が痛いのかの違い。痛む部位を確認すれば、どの筋肉を使い過ぎたかを知ることができ、上手に疲労を抜くことができる。ひじの痛みが生じているなら、まずは痛む場所をチェックするのが大切だ。

外側が痛い

テニスのバックハンドの動作・右打ちのゴルフでの右ひじなどで傷めやすい部位。指をのばしたり、手首を上げたりする筋肉に疲労がたまると発症する

内側が痛い

右打ちのゴルフの左ひじ・テニスのフォローハンドや野球の投球動作などで傷めやすい。手のひらを動かす筋肉の炎症が原因なので、マッサージで未然に防ぎたい

多くのアスリートが悩まされる
肩こり

ポイント
- 揉み返し予防のため強い痛みが伴う刺激は避ける
- 変化がなければ上腕二頭筋・胸・前腕もほぐす

肩こりの主な原因は、肩周辺の筋肉疲労。揉み返ししやすい部位のため、強い痛みが伴う刺激は避けるようにほぐす。また、下記のメニューで改善が見られなければ、上腕二頭筋・胸・前腕もほぐすことが有効だ。

1 肩上部 P.120

手掌軽擦
↓
両母指揉捏
↓
母指揉捏
（写真）
↓
手掌軽擦

母指揉捏

肩上部の僧帽筋を下方に向けてもんでいく。3ライン×3〜5回

3 肩関節 P.116

手掌把握
↓
四指揉捏
↓
手根揉捏
↓
母指揉捏
（写真）

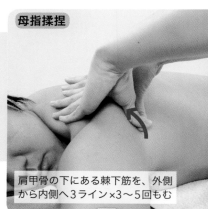

母指揉捏

肩甲骨の下にある棘下筋を、外側から内側へ3ライン×3〜5回もむ

2 上腕三頭筋 P.102

手掌把握
↓
手根揉捏
（写真）
↓
母指揉捏

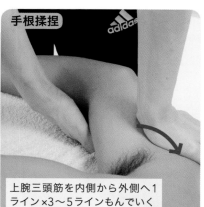

手根揉捏

上腕三頭筋を内側から外側へ1ライン×3〜5ラインもんでいく

4 首 P.94

二指揉捏
↓
二指把握
↓
母指圧迫
（写真）

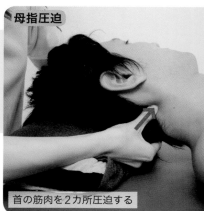

母指圧迫

首の筋肉を2カ所圧迫する

走る競技に多い
ふともも裏側の痛み

急なダッシュやターンを繰り返すサッカーやバスケットなどでは、ふともも裏の筋肉に疲労がたまり、肉離れが起きることも。痛みがあるときはストレッチを併用するとともに、回復期には母指圧迫で深部の筋肉までよくほぐす。

ポイント
● 回復期の肉離れは母指圧迫で深くまで刺激する
● 臀部・もも前・もも裏のストレッチも併用する

1 ひざ裏 P.66

母指揉捏（写真）

母指揉捏
ひざ裏を内側から外側へ、4カ所×3〜4回もんでいく

2 ふともも裏側 P.52

手掌軽擦
手根圧迫

両母指圧迫（写真）
切打法
手掌軽擦

両母指圧迫
内側と外側の2ラインを2〜3回もんでいく

3 臀部 P.78

手掌軽擦
手根揉捏
両母指圧迫

両母指揉捏（写真）
手掌軽擦

両母指揉捏
臀部の筋肉を内側から外側へ3ライン×3〜4回もんでいく

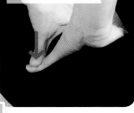

4 ふともも前側 P.48

手掌軽擦
手掌把握（写真）
手根揉捏
切打法
手掌軽擦

手掌把握
もも前の筋肉を1ライン×3〜4回もんでいく

5 ふともも外側 P.56

手掌軽擦
手根揉捏
母指揉捏（写真）
手掌軽擦

両母指揉捏
もも外側の筋肉を下から上へ、1ライン×2〜3回もんでいく

脚を酷使するスポーツに見られる
股関節の痛み

ポイント
- 大腿筋膜張筋を入念にほぐす
- 股関節のつまり感がなくなるまでほぐすのが理想

足の付け根や股関節付近に痛みがあるときは、股関節外側の大腿筋膜張筋を入念にほぐしていく。目安としては、P82のストレッチテストを行い、股関節のつまり感がなくなるまでじっくりほぐすのが理想的だ。

---

1 臀部
P.78

手掌軽擦 → 両母指揉捏
手根揉捏 → 手掌軽擦
両母指圧迫
（写真）

両母指圧迫

臀部の筋肉を内側から外側へ3ライン×3〜4回押す

---

2 ふともも前側
P.48

手掌軽擦 → 切打法
手掌把握 → 手掌軽擦
手根揉捏
（写真）

手根揉捏

もも前の筋肉を前後にずらしながら、1ライン×4〜5回もんでいく

---

3 ふともも外側
P.56

手掌軽擦 → 手掌軽擦
手根揉捏
両母指揉捏
（写真）

両母指揉捏

もも外側の筋肉を下から上へ、1ライン×2〜3回もんでいく

---

4 ふともも内側
P.60

手掌軽擦
手根圧迫
手根揉捏
（写真）
手掌軽擦

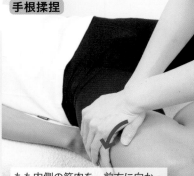
手根揉捏

もも内側の筋肉を、前方に向かって1ライン×2〜3回もんでいく

---

5 股関節
P.82

両母指圧迫
両母指揉捏
母指圧迫
（写真）

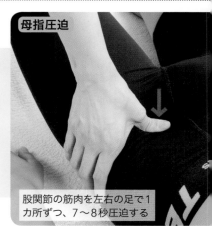
母指圧迫

股関節の筋肉を左右の足で1カ所ずつ、7〜8秒圧迫する

PART 7

痛み解消エクササイズ

肩こりやひざ痛に代表される体の痛み。これらはマッサージも有効だが、ストレッチなどのエクササイズで体の歪みを矯正し、根本の原因を解消することが大切。本書の最後に、体の痛みを解消するエクササイズを紹介しよう。

CONTENTS

背中〜骨盤までの姿勢改善でひざなどさまざまな痛みを解放

「体の痛みを解消」と聞くと、マッサージなど対処療法をイメージする人も多いだろう。たしかにマッサージは痛みを緩和したり、除去することもできる。ただし、それはあくまで一時的なもの。しばらくすると、すぐに症状が再発することがある。その理由は、肩こりや四十肩など、痛みの根本的な原因を取り除いていないこと。この原因を解消することが、本当の意味での「解消」につながるのだ。そこで本章では、こうした筋肉が原因の痛みに対し、原因を根本的に改善するためのエクササイズを紹介していく。

紹介したのは、「背中の姿勢改善」「骨盤の位置の安定」「ひざのブレの改善」の3つ。「背中」「骨盤」「ひざ」は、いずれも体の部位と部位をつなぐハブとしての役割を担う大切な部位。歪みが悪化すると痛みが出たり、腕が上がらない、代謝が悪くなるなど、多くの人が悩む症状を発症させる。

たとえば、背骨が丸くなっている状態の「猫背」。この姿勢では、頭を支える首への負担が増えるため、肩こりの原因になることがある。そう聞くと、「それなら姿勢を正せば肩こりも改善するのでは?」と思いがちだが、実はそう簡単なものではない。今まで使っていなかった胸の筋肉がこり固まっていて、「姿勢を正す」ことができなくなっているためだ。このままでは胸を張ることができず、「猫背のまま＝肩こりのまま」ということが続いてしまうのだ。

本章のエクササイズは、姿勢を改善するとともに、多くの痛みを解消・予防できる。日々のコンディショニングに取り入れ、健康的な肉体を手に入れよう。

四十肩や五十肩は肩甲骨周りの筋肉が固まっていることが原因。写真のように、腕が垂直に上がらなくなったり、痛みが発生したりする。肩甲骨を意識的に動かそう

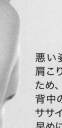

悪い姿勢の代表格「猫背」。肩こりや腰痛の原因にもなるため、早めに治しておきたい。背中の姿勢を改善させるエクササイズで胸の筋肉をほぐし、早めに症状を改善させよう

改善・予防が期待できる主な症状

腰痛 ／ 肩こり ／ 首の痛み ／ 四十肩・五十肩 ／ ひざ痛 など

背中の姿勢改善

背中を丸めて仕事したり、猫背でスポーツを行うと負担がかかる背中。背中は正しい姿勢を身に付けるだけで、さまざまな痛みを改善・予防できる。肩こりや首の痛みはもちろん、四十肩や五十肩の痛みを予防したり、ひざの痛みやふくらはぎが疲れやすいという症状にも効果がある。

こんな症状を解決

- ● 猫背タイプの肩こりや首の痛み
- ● 四十肩・五十肩のような肩の痛みの予防
- ● ひざの痛みやふくらはぎの疲れ
- ● 上半身だけをひねれない

---

1 肩関節を動きやすくする！
広背筋のストレッチ

背中の多くを占める広背筋をのばすストレッチ。動作の最中も、広背筋の位置と、筋肉がしっかりのびていることを意識しながら行う。

❌NG

ひじは曲げずにのばしたまま

ひじはのばしてストレッチを行う。曲げると背中が丸くなり、効果がなくなってしまうので注意しよう

2 左腕のひじをのばしたまま胸を下げていく

左腕のひじをのばしたまま、胸を下げるようにストレッチ。勢いをつけずにゆっくり行い、筋肉が伸びるのを意識しながら伸ばしていく

ここがのびる！

1 右腕のひじをつき左腕を前にのばす

右腕のひじを90°ぐらいに曲げてつき、左腕をのばして静止する。その際、頭と背中を水平に、できるだけ一直線になるように意識する

頭と背中をまっすぐ

ひじは90°くらいに曲げる

POINT
胸をひざに近づけるイメージで

胸を下げるときは、胸をひざにつけるイメージで。背中は曲げないようにする

161

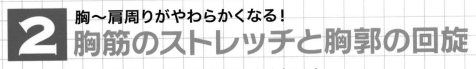

2 胸～肩周りがやわらかくなる！
胸筋のストレッチと胸郭の回旋

腕を大きく回して、肩周りから胸の筋肉を柔らかくするスト
レッチ。手の位置や顔の方向、ひざの角度などに気を付けて、
より効果的に行おう。

1 左ひざを曲げ 右手で押さえる

床に垂直となるように身体
を横にして寝たら、左足
の股関節とひざを90°に曲
げ、ひざを右手で押さえる。
右足は楽にのばしておく

体は横向きに

股関節は90°に

右足はのばす

回転させながら
胸を開く

2 胸を開いて 左手を回転させていく

のばしておいた左手を回転させ、首と一緒に回していく。
右手は左足のひざを押さえたまま、骨盤の位置を固定しな
がら身体をひねるように腕を動かす

POINT
理想は手が床につくまで回す
手がつくまで回すのが理想だが、痛みが生じるなら無理をせず、気持ちいい所で止めよう

ここがのびる！

3 左手を反対側まで回転させる

次に、首と一緒に左手を身体の反対側まで回す。このとき、顔は左手の先を見るイメージ。また左足のひざが動かないよう、右手でしっかり押さえる

右手は離さない

顔も一緒に左を向く

足は床につけたまま

3 胸を開いて猫背を直す！
胸郭の回旋

胸部を開くと同時に肩甲骨を動かすストレッチ。呼吸がしやすくなり、代謝の向上も期待できる。もちろん、肩周りの可動域も広がる。

❌NG

腰を開かず胸だけをひねる

ひじを開く時は、腰を開かないよう注意。腰を開いてしまうと、胸部の回旋にならない

1 四つ這いになり後頭部に手を置く

四つ這いになり、左手を床につく。右手を頭の後ろに置き、首ごと回して左手を見る。体のやわらかい人は、右ひじで左手にタッチ。

手は後頭部に

左手を見る

ここがのびる！

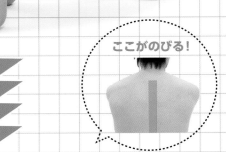

2 胸を開くように反対側に回転させる

なるべく大きな動きで、骨盤の位置を動かさないよう限界まで右ひじを開いていく。この動きを、5回をメドに左右とも行う

4 肩甲骨の動きを改善！
肩甲骨エクササイズ

背筋を真直ぐにした姿勢で腕を上下左右に意識的に動かし、肩甲骨の動きを改善することで胸の動きを良くするエクササイズ。日常生活や仕事で発生する肩こりや、四十肩などを予防・解消する効果が期待できる。

指先をのばす

ここがのびる！

背筋をのばす

ひじはのばす

広背筋がのびる！

1 イスに座って顔の前でひじをつける

イスに座り、ひじを90°に曲げて肩の高さに上げる。左右の前腕とひじをつけたら、指先をのばす。肩甲骨を開いて、背筋をしっかりのばそう

3 腕を真上に上げる

180°開いた状態から、腕を上げる。ここでも肩と肩甲骨が動いていることを意識する。ここまでをゆっくりと行い、3〜5往復を目安に行おう

大胸筋〜三角筋がのびる！

90°

ひじは90°

2 胸を開く

顔の前でつけた前腕を、左右に開く。ひじと肩の角度を90°にしたまま、胸を180°開く。肩甲骨が動く（肩甲骨を最大限に寄せ合う）のを意識して行うと効果が高い

骨盤の位置改善

反復練習のほか、ちょっとした姿勢の乱れでバランスを悪化させがちな骨盤の筋肉。鍛えることで、腰の疲れや慢性的な腰痛、起床時の腰痛まで、腰の悩み全般に効果を発揮する。また腰以外にも、ひざの痛みにも効果的。体幹を鍛えるエクササイズで、骨盤の位置を調整しよう。

こんな症状を解決

- 腰が疲れやすい
- 長時間、立つ・座るのがつらい
- 朝起きると腰が痛い
- 膝が痛くなる

1 腹横筋を鍛える！ ドローイン

腹式呼吸でおへその下の筋肉を刺激して、インナーマッスルを鍛えることで骨盤の安定度を強化するエクササイズ。特に下腹部を収縮させる。

POINT

お腹をふくらませる

息を吸うだけとはいえ、大事なのは呼吸によって腹腔付近の筋肉を刺激すること。意識的にお腹をふくらませる

1 鼻から大きく息を吸う

5〜10秒かけて、鼻から息を大きく吸い込む。胸呼吸になりがちな口呼吸ではなく、鼻から息を吸い込んで腹式呼吸を行う。

2 ゆっくりと 息を吐き出して 10秒間息を止める

1で吸った息を、今度は5〜10秒かけてゆっくりと吐き出す。完全に吐き終えたら10秒間息を止め、腹腔の筋肉を緊張させ続ける。

腹横筋を鍛える！

2 体幹を強化する！
フロントブリッジ

ひじとつま先で全身を支え、腰から骨盤にかけての体幹を鍛える。正しい姿勢で立つために背中を真直ぐにして骨盤を安定させる効果がある。体重を支えるだけの単純なエクササイズだが、運動強度は高い。

POINT
ひじと足は肩幅に開く
ひじと足は肩幅に開く。これをおろそかにすると、鍛えられる筋肉のバランスが悪くなるので注意しよう

1 ひじ・ひざ・つま先を ついてうつぶせになる

うつぶせになり、ひじとひざ、つま先を使って肩を上げる。ひじを90°に曲げ、顔を床に向ける

ココを 鍛える！

2 ひざを上げて 10秒間キープ

床についていたひざを上げ、その状態で10秒間静止する。このとき、お尻を締めてお腹をへこませ、背筋を意識しよう。最初はきついが、体幹部全体を一気に鍛えられるのでぜひトライしよう

肩からかかとを 一直線に！

ひじは90°

つらい人向け

ひざをついて 姿勢を維持しよう

ひざを浮かせた状態の負荷が高すぎる場合は、ひざをつけて行う。負荷は弱まるが、同様の効果が期待できる。

ココを 鍛える！

肩からひざを一直線にキープ。腰を反らせたり、浮かせたりするよりはるかに効果が高い

167

3 ヒップリフト

骨盤や腰周りの筋肉を鍛えるエクササイズ。見た目は地味だが、実際にやってみるとかなりきつい。お腹をへこましながら（ドローイン）おしりを最大限に引き締めて、おしりの深部の筋肉を鍛える。

1 あおむけに寝て ひざを立てる

あおむけに寝て、ひざを立てたら、手を楽にして床に置く。顔は真上を見上げよう。このとき、運動効果をアップさせるため、つま先を上げておく。

つま先を上げる

2 つま先とお尻を 持ち上げて 10秒キープ

この状態でお尻を上げたら、一番上で10秒静止。その後、お尻が床にぎりぎりつかないところまで下げて、この上げ下げを10回行う。お尻を締め、お腹をへこます。

10秒
静止！

POINT
地面に垂直になるように
ひざから下の足の角度は、お尻を上げきった時に地面と垂直になるよう、かかとの位置を調整する

繰り返す

ひざのブレ改善

スポーツ選手はもちろんのこと、日常生活でもひざに痛みを抱える人は多いもの。そうした症状は、このエクササイズで解消&予防しよう。水がたまるなどのひざの痛み、股関節の痛みはもちろん、一見関係なさそうな外反母趾やシンスプリントにも効果を発揮することがある。

こんな症状を解決

- 捻ったり、ぶつけた訳でもなく膝が痛くなる
- 膝に水がたまりやすい
- 股関節の痛み
- 外反母趾、シンスプリントにも効果的

1 股関節の筋肉を鍛える！
シェルエクササイズ

横向きに寝て、ひざを上げ下げすることで股関節周辺にある中臀筋を鍛えるエクササイズ。ひざを外向きに開く動作をスムーズにし、ひざのブレを解消する。

1 横向きに寝る

肩を下にして、床に寝る。下方に位置する手を頭の横に回し、逆の手は腰に当てよう。股関節は45°、ひざは90°くらいに曲げる

2 ひざを開く

上側のひざを開く時は、お腹をへこます（ドローイン）。背中が丸くなったり、骨盤がまったく動かないよう気をつけよう

骨盤を開かず固定する

ココを鍛える！

✕ NG

肩が後ろに開かないように

肩が開いてしまうと、一緒に骨盤も倒れ、股関節周りの筋肉が上手に鍛えられない。肩が床に対して垂直になるようにする

毎日の生活の中から
コンディションを整えよう

マッサージは、積極的に練習に取り組み、試合で最高のパフォーマンスを出すための準備の一つ。そのためには、まず日々の生活に気を配ることが大切だ。

スポーツにおけるコンディショニングとは、

1 よりよい運動
2 栄養（バランスのよい食事など）
3 休養（睡眠、入浴、ストレッチなど）

以上の3要素を生活に取り入れ、規則正しく習慣化し（セルフコンディショニング）、目標に向けて努力すること。マッサージだけでコンディショニングは終わらないし、これだけで結果を出せるわけでもない。「マッサージさえ受ければコンディショニングは完璧」と勘違いすれば、「食事管理」「睡眠管理」「セルフケア」というセルフコンディショニングへの意識低下につながってしまう。

マッサージは体に刺激を与えて変化をもたらすもの。頻繁に受けることで体が反応しなくなり、最後は効き目が少なくなる。その効果を永続的に得るためには、できるだけセルフコンディショニングで疲労回復や傷害予防を行い、マッサージに頼らないことが大切だ。

プロスポーツの世界ではトレーナーが帯同し、いつでもマッサージを受けられる。それでも、たとえばサッカー選手を指導する場合、私（並木）は以下のような指導を行っている。

〈17歳以下〉 疲労回復が早いので、マッサージはせずにセルフコンディショニングの重要性を説く

〈20歳以下〉 実用的なセルフコンディショニングの指導。プロ選手ですでに公式戦に頻繁に出場している選手は、疲労している部分は入念に行い、それ以外の部位は軽く流す。

〈23歳以下〉 疲労回復のマッサージは、セルフコンディショニングができている選手のみ実施。そうでない場合は、具体的なセルフコンディショニングの指導を優先。

〈24歳以上〉各選手のコンディショニングペースを尊重しながら、通常、週1～2回、試合翌日または翌々日にマッサージを実施。試合直後は、ストレッチ・栄養補給を優先。試合前日または、2日前にマッサージを実施。

※ケガ人や30歳以上のベテラン選手は例外

以上のように、プロスポーツでもセルフコンディショニングが最優先で、マッサージはあくまでサポート。必要なときだけマッサージを活用するのが理想とされているのが現状だ。

これまでに述べた「セルフコンディショニング」。実は、学生や会社員についても同じことが言える。仕事や勉強で結果を出すには、心身のコンディションを整え、テスト勉強や仕事の準備を進め、本番で結果を出す。それを支えるのはやはり、まずは睡眠や栄養に気を配ること。それでも疲労がたまったときに、それを補う役割でマッサージを行う。結果を出すためには、セルフコンディショニング、つまり、規則正しい日々の生活が最も大切なのだ。

スポーツマッサージ Q&A

スポーツマッサージを実際にやってみると、疑問がでることも多いだろう。そこで最後に、ビギナーが気になることを解説しよう。マッサージを効果的に行うためにも、ぜひ参考にしてほしい。

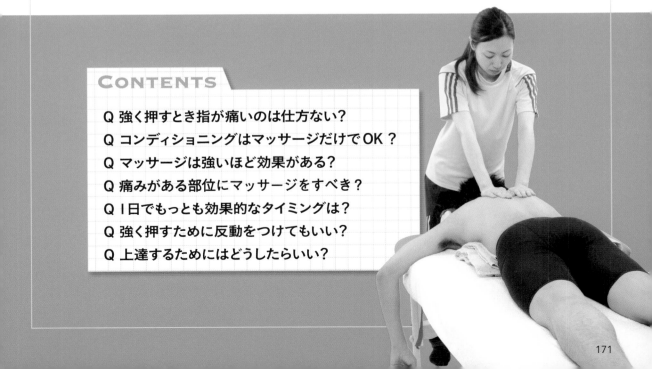

CONTENTS

Q & A

Q 強く押すとき 指が痛いのは仕方ない?

A 徐々に鍛えられる

　指は、マッサージの経験をたくさん積むことにより、鍛えられる。また、変な方向に負荷がかからないよう、姿勢にも注意。体に垂直に力をかけることを心がけ、体重が左右にぶれないよう気をつける。正しい姿勢で施術することが肝心だ。

Q マッサージは強いほど 効果がある?

A 筋肉や腱を痛める 恐れがある

　強すぎるマッサージは筋肉や腱を傷める恐れがあるので、「強いほど効果的」とはいえない。あくまで相手が「気持ちいい」と感じる強さを心がけること。プロでは1点を強く押すこともあるが、状態を悪化させる可能性もあるのでビギナーは厳禁。マッサージを受ける側を気持ちよくすることが、本来の目的だ。

Q コンディショニングは マッサージだけでOK?

A ストレッチやエクササイズも 併用しよう

　マッサージはほかのコンディショニング法と併用すると、より効果的。スポーツ前後のストレッチやクールダウン、体幹部の筋トレなどと組み合わせると、筋疲労の回復や筋力バランスの改善などに貢献する。マッサージだけでなく、本書の7章で紹介しているエクササイズも取り入れると効果的だ。

Q 痛みがある部位に マッサージをすべき?

A 強い痛みは まず医師に相談する

　肉離れや打撲、捻挫など、ケガをした直後や筋肉痛とは異なる強い痛みを感じるときは、マッサージを行わず、まず医師に相談すること。患部周辺の炎症をマッサージで温めてしまい、ケガを悪化させてしまう恐れもある。まずは病院で適切な処置とアドバイスを受ける。

Q 1日でもっとも 効果的なタイミングは？

A お風呂あがりが オススメ

お風呂あがりは血行がよくなり、筋肉のこりもほぐれて柔らかくなるので、マッサージにはうってつけのタイミング。ただし、マッサージは血行を促進する作用があるので、血圧が高い人は不整脈などの病気につながる恐れもある。持病や本人の健康状態にもよる部分があるので、あらかじめマッサージ習慣があることを医師に伝えて、指示やアドバイスを仰ぐのがベターだ。

Q 強く押すために 反動をつけてもいい？

A 力加減を調整 しづらいのでNG

反動をつけて押すと、刺激の強さにばらつきが出たり、短く強い刺激になるため、心地よさが失われてしまう。症状を悪化させてしまったり、患部の内出血まで起きてしまったりする可能性もある。もみ返しなどのリスクもあり、推奨できない。ゆっくりと、体重をかけることを意識しよう。

Q 上達するためには どうしたらいい？

A とにかく経験を 積むことが第一

マッサージの上達のためには、経験を積むことが近道だ。本書で扱っている手技はどれも簡単で、ビギナーでも正確にできるはず。ただし、指先の感覚や体の状態を手で理解することは、何度ももんだり押したりして、感覚的につかんでいくもの。正しいマッサージを繰り返してコツをつかもう。

おわりに

　スポーツマッサージは、まだまだ広く一般に浸透しているとは言いがたい状況です。プロスポーツの現場や一部強豪校の部活動などにはトレーナーがおり、マッサージを受けられる環境が整っていることもありますが、一般の高校や余暇に楽しむスポーツの現場では、トレーナーによるマッサージは受けられないのが現状ではないでしょうか。

　一方で、余暇や休日、仕事の前後にスポーツを楽しむ人たちが増えているのも間違いなく、今後もどんどん広がると思います。近い将来、薬やサプリメントだけでは健康を維持できないという認識は広まるでしょう。薬やサプリメントに頼る人は運動を始め、スポーツだけをしている人は食事やサプリメントに気を遣い始めるはずです。つまり、スポーツ人口は増えることが予想されます。しかしながら、運動をする人が増える分だけ、ケガや痛みを抱える人も増える可能性があります。そうならないためには、本書で紹介しているように、スポーツマッサージとエクササイズを取り入れ、ケガをしにくい体を作らなければいけません。

　ここまでお読みいただいた方々には理解していただけたかと思いますが、スポーツマッサージとは、特別難しいものではありません。もちろん、本格的にプロを目指そうと思えば、それなりに努力が必要です。しかし、本書で紹介している基本的な手技は、初心者の方でもすぐにできるはずですし、本書で紹介した手技の中から、できるものだけ選んでいただいても効果は得られます。「今日は長く走っ

て疲れた」という時にだけ、マッサージをして疲労を抜くような形でもかまいません。まずは家族や友人、恋人など、身近な相手に対して、スポーツマッサージを実践してみてください。それだけで、少しでも長く健康を維持し、より長く人生を楽しむことができると思います。

　それはマッサージだけでなく、エクササイズも同様です。本書で紹介しているエクササイズはだれでもできる簡単なものですが、効果は非常に高いです。年をとるにつれて体に不調がでるのは仕方のないことですが、テレビを見ながら、お風呂で……ちょっとした空き時間に実践してもらうだけで、体の衰えを遅らせたり、体の動きを大きく改善させることができます。ぜひ、少しでも取り入れ、健康増進に役立てていただければと思います。こうして、スポーツマッサージが少しでも多くの人に浸透し、健康な人が増え、世の中が元気になるのが、マッサージの意義であり、私自身の願い・使命でもあります。本書が、みなさまの健康維持に役立つことを、切に願っています。

並木磨去光